Matías Alejandro Jiménez Porchini

Busca a Tu siervo

Matías Alejandro Jiménez Porchini

Busca a Tu siervo

Dios busca lo Suyo

CREDO EDICIONES

Imprint
Any brand names and product names mentioned in this book are subject to trademark, brand or patent protection and are trademarks or registered trademarks of their respective holders. The use of brand names, product names, common names, trade names, product descriptions etc. even without a particular marking in this work is in no way to be construed to mean that such names may be regarded as unrestricted in respect of trademark and brand protection legislation and could thus be used by anyone.

Cover image: www.ingimage.com

Publisher:
CREDO EDICIONES
is a trademark of
Dodo Books Indian Ocean Ltd., member of the OmniScriptum S.R.L Publishing group
str. A.Russo 15, of. 61, Chisinau-2068, Republic of Moldova Europe
Printed at: see last page
ISBN: 978-613-5-56897-4

Índice

Prólogo

Conocer a una persona generalmente conlleva tiempo. Aún así, se puede tener una relación prolongada con alguien, sin que impacte mayormente nuestra vida, por ser ésta superficial, casual, o simplemente de trabajo. Sin embargo, a veces la vida nos concede el privilegio de profundizar la relación y descubrir pozos de riqueza inesperada en el corazón de las personas. Tal ha sido el caso con Alejandro Jiménez Porchini, a quien conocí cuando era estudiante de medicina en la Universidad. Posteriormente, tuve oportunidad de verlo desarrollar su preparación médica como Interno de Pregrado en un hospital de Ciudad Victoria. Más delante, madurando su especialidad como anestesiólogo, convergimos en otro hospital en esta misma ciudad. Durante esos periodos tuvimos oportunidad de platicar sobre diversos temas, muchos ajenos a la medicina, que me permitieron conocer un poco mas a fondo su interés por la reflexión y darme cuenta de que su pensamiento era "bastante original", distinto al de los demás jóvenes de su edad, un tanto "complejo", difícil de discernir. No obstante, el interés mutuo por temas espirituales nos mantuvo "en contacto". Conozco a su esposa y a su hermosa hijita. Algún día los vi aparecer en VerboVictoria, la iglesia en la cual predico domingo a domingo desde hace ya casi 20 años. Eventualmente tuvimos oportunidad de intercambiar comentarios; me hizo sugerencias y me presentó algunas de sus reflexiones personales.
Con un interés genuino en el Dios Viviente, fue creciendo en su capacidad reflexiva. Su apego al Señor no era perfecto aún.

Como todo aquel que ha sido llamado por Dios, para ser uno de —sus siervos escogidos—, Alejandro tuvo que pasar por tropiezos, sinsabores, tribulaciones y angustias intensas, que le llevaran a un punto de quiebre, a una búsqueda anhelante y a una entrega genuina y decidida al Dios de la Vida y de la misericordia.

Tales avatares, de los cuales puedo dar testimonio, fueron los que le condujeron a la lectura y meditación profunda de *La Palabra de Dios*.

La convergencia de ese talento innato, obsequio de Dios, —esa capacidad innata de reflexión—, aunada a otra habilidad suya muy particular: la capacidad de describir poéticamente, muy *sui géneris,* los productos y deliberaciones de la meditación reposada de la Escritura, fue que inició una jornada de páginas escritas, que muy afortunadamente para mí, me compartió. Eran una serie de consideraciones sobre la porción terminal del Salmo 119, el más largo de todos. Me resultó una lectura muy interesante.

Luego de su segunda reflexión, "El profeta sin Nombre", no me quedó la menor duda, era un escritor de gran calidad, no solo literaria, sino con aportaciones muy singulares sobre temas muy poco antendidos, y bajo una óptica distinta. Refrescante. Desde luego le animé a que continuara escribiendo un poco más.

Dios me dio la oportunidad de ver como emergía este talento y esta breve obra, en forma paralela a una transformación espiritual y práctica en la vida de Alejandro y de su familia.

No me resultó por lo tanto extraño, el análisis que hace de la vida de Manasés, ese, cruel y extraviado Rey de Israel. En todo caso así nos vemos a nosotros mismos —pecadores abyectos—, producto de la convicción que el Espíritu Santo trae sobre todo aquel que ha sido llamado por Dios a comparecer ante Su Santidad.

Pareciera lógico esperar que la luz del Nuevo Testamento hiciera de Pedro el mejor exponente de la obra renovadora de Cristo en la vida de quien es llamado por Él con un simple: Ven y sígueme.

Estoy convencido que el trabajo del Espíritu Santo no fue una simple inspiración cognitiva en el autor de esta obra, sino el resultado de una transformación dolorosa, profunda pero maravillosa. Como el que ocurre en la oruga, sometida a la gran presión de la inexplicable metamorfosis que la convierte en una obra maestra de Dios.

Después de avanzar un poco y compenetrarse en el estilo particular del autor en el Capítulo 1, con sus reflexiones sobre un fragmento del Salmo 119, la lectura de cada capítulo posterior captura la atención del lector, de tal modo que resulta casi irresistible terminarlos "de corrido".

El libro culmina con un maravilloso epílogo, que concentra el néctar de la obra en su conjunto, y que invita a considerar nuestra propia experiencia cristiana y el llamado de Dios a servirle. Nos recuerda la fidelidad del Dios único, lleno de misericordia y amor, pero poderoso para buscar a cada oveja perdida y traerla de nuevo a Su redil.

José Luis Masud Yunes Zárraga.
Pastor de la iglesia Verbo-Victoria.

1

Salmo 119: 169-176

- Esta es la última porción del salmo más largo de la Escritura.

- Su caracter hebreo es la letra "Tav", equivalente a la "T" latina.

- Su valor numérico en gematría hebrea es 400.

- Su autor es desconocido. Se asocia al escriba Esdras, en el período postexílico Babilónico, cuando centraba sus esfuerzos en enseñar y concientizar al pueblo judío de la importancia de la Ley.

- Se le asocia también por tradición a David, quien supuestamente compuso este salmo en forma de acróstico para enseñar el alfabeto hebreo a su hijo Salomón.

- Tras casi 170 versículos de exaltar la Ley, la Palabra, los Estatutos, los Juicios, los Dichos, los Mandamientos de Dios, de hacerlos parte medular de su diario peregrinar, de afirmar todas las bondades y beneficios de obedecerlos, de declarar que día y noche los hace su meditación, a niveles casi de fanatismo, el salmista desfonda su alma en esta última parte; a lo largo de toda la extensión del salmo, nunca deja de suplicar por ser enseñado y aleccionado en la Ley de Dios.

Podría entenderse que ha llegado a la madurez del conocimiento de ella, y quizas a saberla de entera memoria, donde el pedir por más comprensión y entendimiento sea ya en exceso redundante. Pero en cambio, lo que se aprecia y percibe espiritualmente en esta fase terminal es totalmente lo opuesto: el salmista se declara aún a estas alturas TOTALMENTE necesitado de enseñanza, TOTALMENTE dependiente de Dios y Su Palabra, TOTALMENTE indefenso por su propia cuenta; TOTALMENTE NECESITADO DE ALGUIEN QUE LO SALVE. El cierre apoteósico del salmo es el Eje del Cristianismo. Todo es dirigido hacia la necesidad absoluta de un REDENTOR, todo apunta hacia la CRUZ DE CRISTO.

verso 169a: *Llegue mi Clamor delante de Tí, oh Jehová*;

El salmista ha iniciado la fase final del salmo como Israel se dirigió a Dios luego de 400 años de esclavitud en Egipto: en un profundo y desesperado clamor por liberación. Exodo 2:23-24: "Aconteció que después de muchos días murió el rey de Egipto, y los hijos de Israel gemían a causa de la servidumbre, y CLAMARON; y subió a Dios el clamor de ellos con motivo de su servidumbre. Y oyó Dios el gemido de ellos, y se acordó de Su pacto con Abraham, Isaac y Jacob ". No fue sino hasta que Israel suplicó y gimió y clamó con abundante llanto y desesperación que Dios los escuchó. El deja muy claro que un clamor genuino nunca pasará sin ser oído y atendido por Su misericordia. Jeremías 33:3: "Clama a Mí, y Yo te responderé." Salmo 40:1: "Pacientemente esperé a Jehová, y se inclinó ante mí, y oyó mi clamor."

verso 169b: *Dame entendimiento conforme a Tu Palabra.*

El clamor, casi agónico, del salmista es, luego de reiteradas ocasiones anteriores de pedirlo, poder entender de modo absoluto e inequívoco la Verdad que él sabe se encuentra solamente en la Palabra de Dios. Salmo 119:160: "La suma de Tu Palabra es Verdad"; Juan 17:17: "Santifícalos en Tu Verdad; Tu Palabra es Verdad."

¡El salmista está afirmando proféticamente las palabras de Jesús con 1000 años de anticipación! El sabía que había una Verdad Absoluta Redentora escondida detrás de la Roca tallada que contenía la letra de la Ley; sabía de modo oculto, pero cierto, que de esa Verdad dependía su salvación. Mateo 24:35: "El cielo y la tierra pasarán, pero Mis Palabras no pasarán".

verso 170a: *Llegue mi oración delante de Tí;*

Luego de volcar su alma en su clamor inicial, tal como Ana derramó toda su alma ante Jehová con lloro e intensa agonía ferviente cuando pedía ser librada de su vergüenza; 1 Samuel 1:10: "ella con amargura de alma oró a Jehová, y lloró abundantemente." 1:15: "...sino que he derramado mi alma delante de Jehová"), con un espíritu más sereno (pero aún a la expectativa, sin aflojar demasiado la tensión que aún tiene en sus súplicas) y seguro de haber sido escuchado, puede elevar su oración a Dios con entendimiento.

Era necesario el doliente gemido del corazón para poder liberar y abrirle camino al Intercesor de nuestra alma, el Espíritu Santo, que "...nos ayuda en nuestra debilidad; pues qué hemos de pedir como conviene, no lo sabemos, pero Él mismo intercede por nosotros con gemidos indecibles; más el que escudriña los corazones sabe cuál es la intención del Espíritu, porque conforme a la voluntad de Dios intercede por los santos" (Romanos 8:26-27). Sin ninguna duda, tanto el clamor inicial como la oración subsecuente del salmista, han sido guiadas y dirigidas por el Espíritu Santo.

verso 170b: *Líbrame conforme a Tu dicho.*

Nadie pide ser librado a menos que haya algo que aprisione, capture o amenace. Numerosos salmos y peticiones se cuentan donde la liberación es solicitada, pero en referencia a enemigos visibles (Salmo 25, 34, 2 Crónicas 32:20). Aquí no hay mención de ningún ataque enemigo visible, ni de prisión tangible.

La liberación que el salmista aclama es la de su alma. A pesar de declararse un diligente seguidor y amante de la Ley de Dios, tal parece que el autor aún se siente cautivo; los mandamientos y estatutos de Su Señor que debieran liberarlo de algún modo se han hecho como una pesada cadena, y parece antever de modo velado y nebuloso la trágica realidad de la Ley: Romanos 3:20: "Porque por las obras de la Ley nadie será justificado; porque por medio de la Ley es el conocimiento del pecado." El salmista busca afanosa e inútilmente la justificación en su propia sentencia de muerte.

No tiene más. La Ley es todo lo que posee. Busca en su prisión su liberación. "Líbrame conforme a Tu dicho"; ¿de dónde pide el salmista liberación conforme al Dicho de Dios?

Deuteronomio 27:26 dice: "Maldito el que no cumpliere las palabras de esta Ley para ponerlas por obra." La Ley solo le ofrece el no ser maldecido si acaso llegara a cumplirla enteramente, pero no la liberación que él busca.

Proféticamente adelanta su vista a Jeremías 31:33-34: "Pero éste es el pacto que haré con la casa de Israel después de aquellos días, dice Jehová: daré mi Ley en su mente, y la escribiré en su corazón; y yo seré a ellos por Dios, y ellos me serán por pueblo. Y no enseñará más ninguno a su prójimo, ni ninguno a su hermano diciendo: conoce a Jehová; porque todos me conocerán, desde el más pequeño hasta el más grande, dice Jehová; porque perdonaré la maldad de ellos, y no me acordaré mas de sus pecados." De lejos alcanza a ver que su liberación se acerca, y fervientemente ya empieza a solicitarla.

verso 171: *Mis labios rebosarán alabanza cuando me enseñes tus estatutos.*

El salmista sabe y declara abiertamente que hasta que se cumpla lo anteriormente predicho su alabanza estará restringida y aprisionada, tal como se encuentra en este momento su alma. Espera ansioso hacer suya la profecía del patriarca Jacob previo a su muerte dada a su hijo Neftalí:

Génesis 49:21: "Neftalí, cierva suelta, que pronunciará dichos hermosos." Nadie prorrumpe más en gritos de júbilo y gozo que aquél que ha sido librado de la prisión y de la muerte...o de la ceguera; Lucas 18:43: "Y luego vio, y le seguía, glorificando a Dios; y todo el pueblo, cuando vio aquello, dio alabanza a Dios."

verso 172: *Hablará mi lengua Tus dichos, porque todos Tus mandamientos son Justicia.*

A lo largo de su caminar con Dios, el autor ha llegado a conocerlo con bastante intimidad y seguridad. Pese a que su conocimiento del Señor es parcial, distante y aún velado, él está firmemente convencido de que:

"Toda buena dádiva y don perfecto desciende de lo Alto, del Padre de las Luces, en quien no hay cambio ni sombra de variación." (Santiago 1:17). Nadie puede atribuirle ninguna injusticia a Dios. Todos Sus juicios están sustentados y regidos en Su absoluta Soberanía y Justicia. Isaías 11:3-5: "No juzgará según la vista de sus ojos, ni argüirá por lo que oigan sus oídos; sino que juzgará con justicia a los pobres, y argüirá con equidad por los mansos de la tierra."

En ésto puede el salmista hallar solaz y reposo, que los mandamientos de su Señor son Justicia, puede confiar que aunque los hombres juzguen ligeramente y por conveniencias y apariencias, Dios juzga y mira el corazón (1 Samuel 16:7).

¡Ni siquiera la pecadora Sodoma y Gomorra podrán argumentar injusticia contra Dios, puesto que Él mismo se dió a la tarea de investigar lo reprobado de sus conductas antes de hacerles juicio! Génesis 18:20-21: "Entonces Jehová le dijo: Por cuanto el clamor contra Sodoma y Gomorra se aumentan más y más, y el pecado de ellos se ha agravado en extremo, descenderé ahora, y veré si han consumado su obra según el clamor que ha venido hasta mí; y si no, lo sabré."

Pero, si aún con todo esto, dijéramos: "no es recto el camino del Señor; ¿no son rectos Mis caminos, oh casa de Israel? ciertamente, vuestros caminos no son rectos. Por tanto, Yo os juzgaré a cada uno según sus caminos, dice Jehová el Señor. Convertíos y apartaos de todas vuestras trangresiones, y no será la iniquidad causa de ruina." (Ezequiel 18:29-30).

verso 173: *Esté Tu mano pronta para socorrerme, porque Tus mandamientos he escogido.*

La solicitud por ayuda del salmista ha llegado a la Fuente correcta. Sabe muy bien que "...mi socorro viene de Jehová, que hizo los cielos y la tierra"(Salmo 121:2). No es una queja desesperada tirada al aire. Sabe con plena seguridad que Dios lo sostiene de su mano derecha, y en su aflicción lo alentará diciéndole: "No temas, Yo soy Tu Dios que te esfuerzo; siempre te ayudaré, siempre te sustentaré con la diestra de Mi justicia" (Isaías 41:10).

El autor recurre a la autojustificación de haber escogido los mandamientos de Dios para obtener Su favor y ayuda. La Ley era todo lo que tenía para "justificarse". Y de hecho, él solo puede guarecerse en esa seguridad revelada hasta sus días; él solo hace, o trata de hacer válidas las promesas de Dios dadas a Moisés e Israel: Deuteronomio 10: 12-13: "Ahora, pues Israel, ¿qué pide Jehová Tu Dios de tí, sino que temas a Jehová Tu Dios, que andes en todos Sus caminos, y que lo ames, y sirvas a Jehová Tu Dios con todo tu corazón y con toda tu alma; que guardes los mandamientos de Jehová y Sus estatutos, que Yo te prescribo hoy, para que tengas prosperidad?".

Deben, no obstante, haber resonado en lo profundo de su conciencia (conciencia aún manchada de culpas no expiadas de forma definitiva aún mediante la Ley) las palabras de Josué previas a su muerte dirigidas de forma testamentaria y profética a Israel: "No podreís servir a Jehová, porque El es Dios Santo, y Dios celoso; no sufrirá vuestras rebeliones y vuestros pecados." (Josué 24:19).

¡Cuántas veces Israel no dio testimonio cierto de esa sentencia! ¡Cuántas veces el mismo salmista (y nosotros también) no se habrá percatado de todas sus rebeliones y su insuficiencia para agradar a Dios y ganar Su favor! Con todo, de su imperfecto y roto corazón ha decidido hacer todo cuanto puede por amar a Dios y ha escogido Sus mandamientos. Puede estar seguro que:"si fuéremos infieles, El permance fiel; El no puede negarse a Sí mismo" (2 Timoteo 2:13).

verso 174: *He deseado Tu salvación, oh Jehová, y Tu Ley es mi delicia.*

El salmista ha declarado anteriormente: "me anticipé al alba y clamé; esperé en Tu palabra" (salmo 119:147), y "Tu salvación he esperado, oh Jehová" (salmo 119:166). Más aún, declara haberse anticipado a las vigilias de la noche para meditar en Sus palabras (salmo 119:148).

Es evidente que su devoción y compromiso por la Ley de Dios lo ha llevado a trascender a niveles de entendimiento espiritual sobrenatural. Ha llegado a una clarividencia que le provoca agudas punzadas agónicas en su corazón, de gozo, y de doliente anhelo: de gozo, porque ha hecho de la Ley de Dios su deleite, la ha amado intensamente; más dulce que la miel a su boca le ha parecido (salmo 119:103); de doliente anhelo, porque a pesar de que la Ley se ha vuelto como su ropa para cubrir su carne, su espíritu está desnudo aún. La ley que tanto ama no puede salvarlo de su desnudez interior.

Esta es la revelación que está brotando del alma del autor: a pesar de amar los dulces Mandamientos de su Señor, él sigue en esclavitud de pecado; aún no ha llegado su salvación. Por eso gime deseandola.

Desea al Deseado: JESUS/YESHUA = SALVACION. Y nosotros también lo deseamos: 2 Corintios 5:2: "Y por esto también gemimos, deseando ser revestidos de aquella nuestra habitación celestial".

Dos mil años antes de la llegada de nuestra Salvación , un moribundo peregrino en tierra extranjera, a punto de partir de éste mundo, luego de 147 años de caminar con Dios y ser transformado por El, exclama agónicamente: Génesis 49:18: "Tu Salvación esperé, oh Jehová".

verso 175: *Viva mi alma y te alabe, y Tus Juicios me ayuden.*

El salmista está a la orilla de esta revelación. Ya no queda mucho más que decir. Su alma tiene que gritarlo. Siente ya todo el peso de la Ley que tanto ha amado aplastar su corazón y quebrantarlo sobremanera. Siente el paroxismo de la muerte inminente. No importa cuánto se haya refugiado en los Estatutos y Juicios de Su Señor, el decreto final será su muerte. Romanos 7:10-11: "Y hallé que el mismo mandamiento que era para vida, a mí me resultó para MUERTE; porque el pecado, tomando ocasión por el mandamiento, me engañó, y por él me mató." Ningún sacrificio ha podido ser suficiente. Nadie ha podido aún pagar por su deuda. Es reo de muerte eterna, y lo sabe. "Viva mi alma" es su grito. Nadie pide la vida si no siente las garras de la muerte que se aproxima. Pide la vida de su alma. ¿Para qué? Para vivir alabando. Para proclamar en jubilosa alabanza que el Tribunal Supremo ha encontrado su caso "No ha Lugar". Para alabar el Nombre de Aquel que será juzgado culpable en su lugar para pagar la deuda impagable. Para confesar con labios rebosantes de alabanza que "Ciertamente, Señor Dios Todopoderoso, Tus juicios son verdaderos y justos" (Apocalipsis 16:7).

verso 176a: *Yo anduve errante como oveja extraviada; busca a Tu siervo,*

El salmista ya no puede callarlo más. Tiene que confesarlo. Tiene que dejar toda apariencia y simulación de virtud y justicia propia. Tiene que reconocer su verdadera condición miserable. Tiene que humillarse. Evocando una imagen que con toda seguridad el autor vivió en una época pasada de su vida (si es que el autor es David), se infringe una humillación al compararse con una oveja que se ha ido al extravío, alejándose del pastor.

El símil no puede ser más vivencial y elocuente. La oveja ha deseado otros pastos que los que su pastor le había escogido. Motivada por su torpeza, su lujuria y desenfreno, a la ocasión ha decidido irse al extravío de su propio corazón, buscando los frutos deseables para su tan corta vista, desestimando las palabras que el Dueño del Rebaño profirió desde el principio: "más del árbol de la ciencia del bien y del mal no comerás; porque el día que de él comieres, ciertamente morirás" (Génesis 2:17). Así lo hizo el salmista.

Y aún está en esa condición errante. El verbo "ser" en hebreo abarca tanto la forma del tiempo pasado como la presente. "He andado errante como oveja extraviada" sería la forma más concisa de expresar la conjugación de ese verbo y esa realidad. El salmista se ha ido al extravío, y aún sigue en él.

A pesar de amar tanto la Ley de Su Señor y hacerla su deleite, de desear y meditar día y noche en Ella, su naturaleza pecadora lo ha llevado lejos de su cumplimiento. La oveja de su espíritu ha partido a la perdición del mundo. "¡Busca a Tu siervo!"

El salmista conoce bien esta imagen: la oveja descarriada, lejos de su rebaño y del cuidado de su pastor, a campo abierto o en las montañas, está TOTALMENTE VULNERABLE.

No posee ningún mecanismo de defensa ante las fieras depredadoras. Ni siquiera puede ver más allá de unos pocos metros a su redonda. Carece en absoluto de sentido de orientación. Aún deseando volver al lado de su pastor, NO PUEDE LOGRARLO POR SU PROPIA CUENTA. Está abandonada a su suerte. Si el pastor decide no ir a buscarla, su destino está sellado, NO VA A SOBREVIVIR. La oveja tiene que esperar que su pastor vaya por ella, es su única esperanza.

El salmista ha llegado al centro de la Revelación. Por más que se afane en cumplir la Ley y guardarla, Si Dios mismo no va a salvarlo, ¿quién más podrá? (2 Reyes 6:27).

Así es para la oveja extraviada; por más que se afane en intentar regresar a su redil, si el pastor no va a su encuentro no hay nada que hacer. Clama entonces en medio de su extravío que Dios mismo vaya a salvarlo. Ezequiel 34:11: "Ciertamente buscaré a mis ovejas, y las cuidaré". Juan 10:11: "Yo soy el Buen Pastor; el Buen Pastor SU VIDA DA POR LAS OVEJAS". ¡LA SALVACION HA LLEGADO! ¡El Pastor de las Ovejas ha llegado a salvar al salmista (y a todos nosotros) del extravío y de la muerte! Juan 10:28: "Y yo les doy vida Eterna, y jamás perecerán, y nadie las arrebatará de Mi Mano".

Cristo ha cumplido la carga de la Ley, para que el salmista (y yo también) sea finalmente liberado. Así como el clamor de Israel llegó a los oídos de Dios, el clamor del salmista, junto con el clamor de los que esperaron la Salvación de Dios, ha sido escuchado.

Todo esto ha sido cumplido en La Cruz, la "T", "Tav". Solo a través de la Cruz de Cristo, de recibir Su Gracia Redentora, de aceptar humildemente el regalo de Su Amor podremos recordar siempre los Mandamientos de Nuestro Dios. Juan 14:21: "El que tiene mis mandamientos, y los guarda, ése es el que me ama; y el que me ama, será amado por mi Padre, y yo le amaré, y me manifestaré a él".

verso 176b: *...porque no me he olvidado de Tus Mandamientos.*

2

El profeta sin nombre

He aquí que un varón de Dios por palabra de Jehová vino de Judá a Bet-el; y estando allí Jeroboam junto al altar para quemar incienso, aquél clamó contra el altar por palabra de Jehová y dijo: "Altar, altar, así ha dicho Jehová: He aquí que a la casa de David nacerá un hijo llamado Josías, el cual sacrificará sobre tí a los sacerdotes de los lugares altos que queman sobre tí incienso, y sobre tí quemarán huesos de hombres. 1 Reyes 13:1-2

A estas alturas de la historia del pueblo de Dios, aproximadamente en el año 930 A.C. el cisma que partió el Reino de Israel, unificado durante el reinado de David, y dividido por causa de la apostasía de su hijo Salomón, ya estaba en efecto. Diez tribus de las doce originales de la casa de Jacob habían sido entregadas a Jeroboam ubicándolas al norte de lo que fue el Reino bajo el nombre de Israel (por ser mayoría de tribus) poniendo a Samaria como capital, mientras que dos tribus restantes, Judá y Benjamín, quedaron al sur teniendo a Jerusalén como capital, y el reino fue nombrado Judá, cumpliendo así la profecía de Ahías en 1 Reyes 11:30-36.

Jehová había prometido a Jeroboam que a pesar de esta trágica división, Él se comprometía a bendecir y prosperar a Israel siempre y cuando no se apartaran de Sus Estatutos y Leyes, incluso que la casa de Israel serviría para dar celos y aflicción a la casa de Judá (más no para siempre, 1 Reyes 11:39).

Jeroboam era un hombre valiente y esforzado, quien supo ganarse la confianza de Salomón. Éste lo puso a cargo de los tributos y negocios de la casa de José, nombradamente las tribus de Manasés y Efraín (1 Reyes 11:28). Más, cuando se enteró de la profecía de Ahías con respecto a Jeroboam, buscó la ocasión para matarlo, forzando a éste a huir a Egipto y permanecer oculto hasta la muerte de Salomón, esperando el cumplimiento de la profecía, misma que se cumplió debido a la insensatez y arrogancia de Roboam, hijo de Salomón y sucesor de su trono.

Jeroboam reunía con mucho los atributos que David ostentó previo a su ascenso al trono de Israel: 1) Su reinado fue anunciado bajo profecía; 2) Reinó en reemplazo de un rey desobediente a Dios; 3) Sufrió persecución previo al reinado y tuvo que exiliarse para sortear la muerte; 4) antes de reinar ya era popular y reconocido por el pueblo (Jeroboam provenía de la tribu de Efraín, la tribu más importante de las tribus del norte, y su valor y destrezas eran de todos conocidas). Era pues un tipo de David de cabeza a pies, y todo parecía anunciar que su reinado traería bienestar y paz al tumulto y descontento que causó el negligente Roboam (1 Reyes 12:16).

Tan pronto éste rechazó porfiadamente aligerar los tributos a la casa de Israel, las diez tribus integrantes inmediatamente desconocieron la autoridad de la casa de Judá y buscaron hacer reinar a Jeroboam sobre el nuevo reino independiente de Israel. Sin embargo, pese a todas las descripciones favorables que identificaban a Jeroboam con el fiel siervo de Jehová David, vemos que su carácter intrínseco y fundamento espiritual no estaban ni a la mitad de la altura de éste.

La principal preocupación de David y su ardiente deseo era servir a su Dios con todo su corazón. A través de todas las pruebas y aflicciones siempre buscó el consejo y guianza de Jehová, y una vez que su reino fue establecido de inmediato puso manos a la obra para que el culto al Todopoderoso tuviera un centro y un lugar en concreto para que todo Israel adorara al Dios Vivo (2 Samuel 6:12).

Tanto se afligía David que él viviera en "casa de cedro, y el arca de Dios está entre cortinas" (2 Samuel 7:2). De todo su corazón deseaba construir casa para Dios y que Su culto fuera con la debida solemnidad y respeto.

A pesar de sus fallas personales, David jamás comprometió la verdadera adoración a Jehová ni buscó desviar a Israel para ganarse adeptos o consolidar su reino; por el contrario, hizo uso de su reino para traer alabanza y gloria a Dios siguiendo la Ley.

No fue así con Jeroboam, el cual buscó servirse del reino para su propia gloria y para salvar su propia vida, menospreciando el verdadero culto a Jehová y poniendo tropiezo a Israel en ésto:

Y dijo Jeroboam en su corazón: ahora se volverá el reino a la casa de David, si éste pueblo subiere a ofrecer sacrificios en la casa de Jehová en Jerusalén; porque el corazón de este pueblo se volverá a su señor Roboam rey de Judá, y me matarán a mí, y se volverán a Roboam rey de Judá. Y habiendo tenido consejo, hizo el rey dos becerros de oro, y dijo al pueblo: Bastante habéis subido a Jerusalén; he aquí tus dioses, oh Israel; los cuales te hicieron subir de la tierra de Egipto. Y puso uno en Bet-el y el otro en Dan. Y esto fue causa de pecado... 1 Reyes 12:26-29

¡Qué lejos estaba el corazón de Jeroboam de Jehová!

En una total exhibición de mezquindad espiritual y con profundas raíces de idolatría no reveladas hasta el momento, recurre a la estrategia diabólica de apartar el corazón de Israel de Jehová y encaminarlo hacia la rebelión idolátrica con tal de mantenerse él seguro en el reino y aplacar toda posible sublevación en su contra.

Habiendo empezado como una figura de David, terminó peor que Saúl, pues al menos éste no promovió la idolatría en Israel, ni siquiera para mantener su debilitado reino. Jeroboam con su apostasía había comenzado la lenta pero segura debacle del reino de Israel, hasta su total desaparición 200 años después.

Jehová pues, decidió tomar medidas casi de forma inmedita. Llamando de entre Sus filas de siervos a un profeta desconocido (la Escritura no revela su nombre) de tierra de Judá, lo comisiona con uno de los mensajes proféticos más sorprendentes y precisos encontrados en la Palabra.

El profeta encuentra al pagano rey Jeroboam en proceso de adoración en el altar de Bet-el quemando incienso. Sin lugar a dudas no estaba solo; Jeroboam había nombrado su séquito de sacerdotes espurios y falsos profetas, además de su corte profana y el pueblo de Israel, el cual accedió de buen agrado a olvidarse del verdadero culto a Dios y dar rienda suelta a su lujuria idolátrica, ya que la Escritura no menciona en lo absoluto que haya habido una resistencia de Israel a caer en tan descarado paganismo (algo que si sucedió 800 años después en la revuelta de los Macabeos durante el imperio seleucida con el reinado del rey Antíoco Epifanes quien se opuso al culto a Jehová).

Jeroboam e Israel se entregaron sin límites a sus reprobados corazones idólatras, sacrificando y quemando incienso en días y meses fuera del Calendario de la Ley de Moisés.

En estas circunstancias, de modo inesperado aparece este anónimo profeta, anunciando de forma rotunda y categórica el mensaje profético del Eterno:

Altar, altar, así ha dicho Jehová: he aquí que a la casa de David nacerá un hijo llamado Josías, el cual sacrificará sobre tí a los sacerdotes de los lugares altos que queman sobre ti incienso, y sobre ti quemaran huesos de hombres. 1 Reyes 13:2.

¿Quien era éste hombre que con tan críptico pero a la vez develado mensaje condenaba el culto idólatra de Jeroboam e Israel y le ponía fin? Como repentino relámpago en un cielo despejado cayó el mensaje de Dios por boca de éste emisario sin nombre.

Era ciertamente una profecía cual nunca antes pronunciada. Jamás por boca de ningún profeta se mencionó con tanta precisión la estirpe y nombre de alguien a cumplir una misión igualmente bien definida y sentenciante.

Solamente el profeta Isaías, 250 años después de ésta pronunciación, bajo la inspiración del Espíritu Santo pudo igualar tan asombrosamente la profecía de éste desconocido profeta, cuando menciona al futuro rey Medo Persa Ciro que habría de poner fin al cautiverio Babilónico de Judá, permitiendo a los judíos regresar a tierra de Israel:

Así dice Jehová a Su ungido, a Ciro, al cual tomé Yo por su mano derecha, para sujetar naciones delante de él y desatar lomos de reyes; para abrir delante de él puertas, y las puertas no se cerrarán: Yo iré delante de tí, y enderezaré los lugares torcidos; quebrantaré puertas de bronce, y cerrojos de hierro haré pedazos; y te daré los tesoros escondidos, y los secretos muy guardados, para que sepas que Yo soy Jehová, el Dios de Israel, que te pongo nombre. Isaías 45:1-4

Ciro II llamado El Grande llegó a la historia alrededor del año 600 A.C., y su comisión de parte de Jehová fue cumplida alrededor de 150 años luego de la profecía de Isaías.

Josías hijo de Amón, rey de Judá, el quinceavo rey luego de David llegaría a escena casi 300 años luego de la pronunciación profética del misterioso emisario de Dios. ¡Solo Jehová de los Ejércitos es Veraz y Sus Palabras se cumplen!

Y por si faltaba añadir algo más a la sentenciante profecía, Dios concede que Su Palabra sea validada mediante una tangible e igualmente condenatoria señal para testimonio a Jeroboam e Israel:

Y aquel mismo día dio una señal, diciendo: Esta es la señal de que Jehová ha hablado: he aquí que el altar se quebrará, y la ceniza que sobre él está se derramará. 1 Reyes 13:3:

Jeroboam, saliendo de su estado atónito, habiendo terminado de escuchar las palabras de Jehová por boca de aquél extraño visitante inesperado, en vez de permitir ser amonestado e inquirir más sobre aquella profecía o buscar consejo y discernimiento con humildad de corazón, toma como agravio tal declaración profética y se endurece en su impiedad y orgullo. Su espíritu estaba profundamente impregnado de corrupción y rebeldía; satanás había ganado terreno en su corazón de tal modo que respondió al mensaje con odio virulento: ordena a sus vasallos que sea aprehendido el profeta de Dios, con el gesto singular del enemigo del alma y sus esbirros: extendiendo la mano en señal de acusación y deseando hacer juicio de destrucción al instante contra los portavoces de la Palabra. Pero Dios no había acabado aún de hablar, y mediante un sobrenatural e instantáeo evento humilla la soberbia de Jeroboam y al mismo tiempo cumple la señal que validaba Su profecía:

Más la mano que había extendido contra él, se le secó, y no la pudo enderezar. Y el altar se rompió, y se derramó la ceniza del altar, conforme a la señal que el varón de Dios había dado por Palabra de Jehová.
1 Reyes 13:4-5.

Este fue el inicio de una serie de eventos sobrenaturales que el Todopoderoso obraría para manifestar Su poder y Su ferviente deseo de apartar a Israel de la progresiva espiral de degradación espiritual en la que se sumergiría la nación durante el resto de su contada existencia. Debió motivar un profundo asombro y terror tal manifestación de poder y juicio, ver la mano del primer rey de Israel convertida en un cadavérico guiñapo incapaz de seguir pronunciando acusación. Además, el pagano altar donde había estado quemando sus profanas ofrendas quedó en el acto reducido a añicos derramando las cenizas del holocausto a vista de todo Israel. Un juicio sobremanera evidente y portentoso.

Humillado (pero no arrepentido), Jeroboam suplica al profeta de Jehová que interceda ante Él para revitalizar su mortecina extremidad. Prefirió la salud de su cuerpo en vez de procurar la sanidad de su corazón. Ante la patente ira y juicio de Jehová contra la campaña de idolatría que había emprendido desviando a Israel de la verdadera adoración no suplica por la reconciliación con Él. Aún así, movido a misericordia (¡Dios es tan bueno y paciente!), atiende a la súplica del profeta y accede a sanar al miserable Jeroboam (1 Reyes 13:6).

Agradecido por tal misericordia, Jeroboam convida al profeta a su casa para comer, y además darle algún obsequio u honra. Más, habiendo sido amonestado previamente por parte de Jehová, el profeta rechaza la invitación aclarando que se le había explícitamente ordenado ni comer ni beber ni siquiera regresar por el mismo camino por donde había ido.

Tal demostración muy probablemente servía para poner de manifiesto la protesta de Dios contra la idolatría de Israel. Enfáticamente pues, el desconocido varón de Jehová declina los honores de Jeroboam, y emprende el camino de regreso a Judá tomando una ruta diferente; hasta el momento la misión ha sido exitosa.

Jehová ha manifestado Su Gloria, el mensaje ha sido trasmitido, Jeroboam ha sido amonestado junto con Israel, y el anónimo profeta está de vuelta a su nación intacto, obediente al mandato de Jehová y listo para la siguiente encomienda...¿?

A continuación se relata uno de los pasajes más insólitos e inexplicables de la Escritura, con mucho de donde reflexionar y recibir enseñanza.

Tan pronto como el profeta de Judá está de camino a su tierra, antes de que se apartara lo suficiente, uno de los hijos de un viejo profeta de Israel llega con su padre para contarle todo lo que ha atestiguado recientemente.

Quizás era uno de los sacerdotes espurios o algún falso profeta de la corte de Jeroboam, como haya sido, quedó muy impresionado con lo acontecido, y siendo testigo ocular y auditivo de todo eso, a detalle lo narró a su padre el viejo profeta. Al instante, sin meditarlo, se da a la tarea de alcanzar al varón de Dios de Judá, cabalgando en su asno. ¿Para qué se tomó tal molestia éste viejo profeta de Israel? ¿Querría acaso fraternizar con su colega judío, tener alguna clase de reavivamiento profético, indagar más acerca de la profecía de Jehová, o quizá solamente saber su nombre? Veamos en la Escritura:

Y yendo tras el varón de Dios, le halló sentado debajo de una encina, y le dijo: ¿Eres tú el varón de Dios que vino de Judá? El dijo: Yo soy. Entonces le dijo: ven conmigo a casa, y come pan. Más él respondió: no podré volver contigo, ni iré contigo, ni tampoco comeré pan ni beberé agua contigo en éste lugar. Porque por palabra de Dios me ha sido dicho: No comas pan ni bebas agua allí, ni regreses por el camino por donde fueres. Y el otro le dijo, mintiéndole: Yo también soy profeta como tú, y un ángel me ha hablado por palabra de Jehová, diciendo: Tráele contigo a tu casa, para que coma pan y beba agua. Entonces volvió con él, y comió pan en su casa y bebió agua.
1 Reyes 13:14-19.

¡Toda esa molestia solo para tentar y engañar al varón de Dios! ¿Cuál fue la motivación en el alma de ese viejo profeta para causarle tal tropiezo a su "compañero" judío, haciéndolo rebelarse al mandato de Jehová? No hay respuesta en concreto. ¿Sintió celos y envidia el profeta de Israel de que Dios no había tenido a bien revelarle tal profecía a él? ¿Satanás mismo indujo a éste viejo profeta apóstata para hacer caer al varón de Judá? ¿O acaso Dios mismo estaba probando la fidelidad de su profeta? ¿Cuál es la respuesta correcta? ¿A?, ¿B?, ¿C?, ¿todas las anteriores?, ¿ninguna? ¡!.

Y además de todo esto, como núcleo de investigación que nos atañe al respecto del carácter de nuestro personaje, el profeta desconocido: ¿Por qué creyó tan fácilmente a la palabra del viejo profeta de Israel?

Habiendo recibido una comisión tan singular y portentosa de parte de Dios, además de una amonestación muy categórica con respecto a su conducta mientras estaba en tierra de Israel, ¿cómo es que no sospechó ante ésta contraorden, y no pidió confirmación a Jehová al respecto? ¿No tenía suficiente trasfondo y disciplina espiritual éste varón, para tener un discernimiento claro ante la prueba que se le presentó? ¿Acaso era mucha su hambre y sed que no pudo resistir ante sus apetencias físicas? ¿O quizás pensó en su muy profundo interior (su "yo") que tal vez sí se merecía alguna honra por su labor, pero obviamente no de parte de un tan evidente pagano como Jeroboam, sino esta vez de un "colega" de oficio como el de él, un veterano profeta además?

Al momento, yo me encuentro en una situación de contingencia a nivel mundial por una pandemia causada por un virus (COVID-19). Como médico de profesión, mi especialidad me lleva a correr riesgos de ser infectado y contagiado al dar asistencia respiratoria a los pacientes enfermos en estado crítico.

He seguido las muy estrictas normativas de seguridad antes de entrar a dar mi atención a dichos pacientes, vistiendo los elementos aislantes pertinentes bajo supervisión de personal entrenado en vigilar los protocolos de prevención establecidos, tanto al momento de entrar a la zona de riesgo como al salir de ella. Si en un momento determinado, alguien me dijera que el protocolo ha cambiado, que debo desobedecer los lineamentos establecidos para mi propia seguridad, en lo personal sería altamente suspicaz, y creo que pediría una confirmación clara y actualizada que explicara que no debo preocuparme por ponerme en riesgo de ser infectado de la enfermedad. Y creo que aún así me causaría extrañeza que de un modo súbito se me enterara de tal drástico cambio en tan estricto protocolo de seguridad, aunque fuera un elemento de autoridad quien me lo comunicara. Mi salud y quizá mi vida, así como la de mis seres queridos estaría de por medio, así que no creo que nadie pudiera decir que soy demasiado juicioso, desconfiado o incluso paranoico.

Aquí, este varón anónimo estaba arriesgando sin lugar a dudas su posición como profeta de Jehová, su mensaje (si resultaba ser mentira la palabra del viejo profeta -y lo fue-, la integridad de su testimonio pondría en duda la autenticidad del mensaje de Dios y haría dudar a los apóstatas de Israel) y su vida misma.

Lamentablemente, el profeta de Judá cae en el engaño de su colega de oficio de Israel; ni el viejo profeta detiene su malvado proceder de tropiezo ni el anónimo se detiene a meditar en el asunto. La transgresión ha sido llevada a cabo. A punto de retirarse, el viejo profeta de Israel pronuncia juicio contra su colega judío:

Y aconteció que estando ellos en la mesa, vino palabra de Jehová al profeta que le había hecho volver. Y clamó al varón de Dios que había venido de Judá diciendo: "Así dijo Jehová: por cuanto has sido rebelde al mandato de Jehová, y no guardaste el mandamiento que Jehová tu Dios te había prescrito, sino que volviste y comiste pan y bebiste agua en el lugar donde Jehová te había dicho que no comieses pan ni bebieses agua, no entrará tu cuerpo en el sepulcro de tus padres. 1 Reyes 13:20-22.

¡Que patético sentido de superioridad debió embargar al viejo profeta apóstata de Israel, declarando una obvia profecía de sentencia contra el varón de Judá! Envidioso del ministerio profético verdadero de su colega, ahora renacía en él su ya marchito y atelarañado don profético a costa de la caída de un hermano suyo. No era para nada algo escatológico el declarar que Dios condenaba la rebeldía de Su profeta judío, eso hasta el mismo Jeroboam se lo hubiera dicho. Sin embargo, la sentencia que Jehová declaró para castigar al varón desobediente sí procedió de labios del viejo profeta israelita. Jehová decretó que sufriría una muy dolorosa consecuencia: al término de sus días, el varón de Judá no tendría el honor de ser enterrado junto a sus antecesores.

El pastor John McArthur comenta al respecto: "Los israelitas enterraban a sus muertos con los huesos de sus antecesores en un sepulcro común (Jue.8:32; 2 Sam 2:32). La carencia de una sepultura así se consideraba en Israel como un severo castigo y una deshonra (ver también Eclesiastés 6:3)."

Solo se puede conjeturar la profunda tristeza y desaliento que el profeta anónimo haya podido experimentar, junto con la sensación de desolación y fracaso embargando todo su ser. Puedo verlo regresar a tierra de Judá montado en el asno que su traidor colega de Israel tuvo a bien ensillarle (¡que amable detalle!) con lágrimas en sus ojos, lleno de doloroso arrepentimiento, muy probablemente pidiendo perdón a su Señor por su ligereza de juicio y transgresión.

Dudo que haya habido otro momento más amargo y quebrantador en la vida de éste varón que el que experimentaba en esos momentos. Su corazón estaba destrozado. Y tendría toda una vida por delante para pensar y recordar todo ésto.

Nadie cambiaría su lugar por el de éste profeta. "¿Que más sigue para mí después de ésto?", puedo escuchar meditar en su interior al varón de Judá al descender a tierra de sus antepasados.

Providencialmente para él, su sufrimiento sería acortado de manera casi inmediata y drástica: el relato de 1 Reyes 13:24 prosigue diciendo que "yéndose, le topó un león por el camino, y le mató, quedando su cuerpo echado en el camino, y el asno junto a él, y el león también junto al cuerpo".

Dios en Su misericordia terminó con el dolor de Su profeta al darle la muerte mediante el león, además impidió que siguiera adelante a tierra de Judá donde hubiese podido ser reconocido por los suyos y enterrado en su heredad.

De tal modo, Jehová cumplió un propósito dual. Y, puede ser digno de mención, también le concedió al profeta la muerte a través de una bestia emblemática de su nación: el León de Judá (Génesis 49:9; Apocalipsis 5:5).

Y aún además, Jehová no permite al león devorar el cuerpo de Su profeta. Actuando en contra de sus instintos primarios, el león es forzado por mano del Todopoderoso a custodiar el cuerpo del varón muerto. Ser devorado por una bestia sí que hubiera sido una deshonra total y escandalosa.

En su caída, Jehová no humilla sobremanera a Su profeta; pese a darle el debido juicio, Su misericordia infinita arropa a Su mensajero luego de muerto, y no lo convierte en un infamante y deshonroso espectáculo a los ojos del apóstata endurecido Israel. Salmo 116:15: "Estimada es a los ojos de Jehová la muerte de Sus santos". Los restos del profeta de Dios no serán profanados.

Además, todavía Jehová tenía una misión más para Su profeta: una misión póstuma, pero misión de todos modos. El relato de 1 Reyes 13 continúa declarando que se le dio aviso al viejo profeta de Israel de lo sucedido con el varón de Judá. Por encontrarse aún en tierra israelita y para cumplir la profecía de Jehová, el viejo profeta se encarga de tomar el cuerpo del varón judío y le otorga sepultura en su propia tumba familiar, luego de endecharle "¡Ay hermano mío!".

Quiero pensar que realmente le pesó haber sido instrumento de caída para su hermano profeta de Judá. Hace también la solicitud a sus hijos de que cuando él haya muerto sus restos fueran sepultados junto a los del varón de Dios, sus huesos junto a los suyos. Declara además:

Porque sin duda vendrá lo que él dijo a voces por palabra de Jehová contra el altar de Bet-el, y contra las casas de los lugares altos que están en las ciudades de Samaria. 1 Reyes 13:32.

Trescientos años más tarde, Josías rey de Judá aparecía en escena. Fue el último rey bueno del reino de Judá y Jerusalén antes de que los juicios de Jehová cayeran sobre la nación previo a su exilio a Babilonia.

En sus días volvió los corazones de la nación hacia el culto verdadero a Jehová, buscando Su rostro y Su consejo por boca de los profetas, y emprendiendo una campaña de iconoclasia idolátrica, barriendo todos los falsos dioses enraizados en el corazón de Judá, destruyendo todos los lugares altos de adoración a ídolos y dando muerte a todos los falsos profetas y sacerdotes del culto pagano que se resistían a irse.

Debió significar un esfuerzo enorme para el joven rey, quien heredaba un reino muy contaminado por la idolatría y apostasía de Manasés, su abuelo, quien reinó 55 años en Judá y corrompió de modo profundo la adoración a Jehová, y de Amón, su padre, quien solo reinó dos años pero tampoco siguió a Jehová ni se arrepintió como su padre Manasés. Era una misión para un gigante espiritual llevar a cabo tal reforma en la adoración a Dios, y terminar con la idolatría era solo un principio.

Volcarse de lleno en rendir culto solo a Jehová no era un estrategia política que augurara éxito para su reinado. Manasés y Amón habían consentido totalmente en darle al pueblo judío libertad para adorar a cuantos dioses quisieran, manteniéndolos así libres de toda obligación espiritual y por lo tanto felices de cometer tantos pecados les vinieran a la mente sin molestar en nada sus conciencias. Forzarlos a abandonar tal zona de comfort no iba a caerles muy bien a los judíos acostumbrados al paganismo.

Josías pues se jugaba la estabilidad de su reinado en su celo de volverlos al culto al Dios verdadero. La posibilidad de revueltas e insurrecciones civiles protestando contra sus reformas religiosas estarían siempre latentes.

Definitivamente sus asesores espirituales jugaron un papel sumamente crucial en fortalecer y avivar el ánimo del joven Josías; sin duda alguna los profetas Sofonías y el debutante profeta Jeremías debieron confirmar al rey de Judá con sus oraciones, ayunos e intercesiones, y muy seguramente también con la profecía del anónimo profeta respecto a él.

Lleno de un ferviente amor por Jehová y confirmado en su misión de erradicar la idolatría de Judá y de hacerlos volver a la Ley, emprende con fuerza y determinación la campaña iconoclasta. Destruye los lugares altos idolátricos, persigue y da muerte a los falsos profetas y sacerdotes paganos en todo el reino de Judá. Una total limpieza espiritual. Tal es su éxito que extiende su campaña hasta los vestigios del reino del Norte Israel (ya a estas alturas había desaparecido 150 años antes, conquistados y llevados al exilio por Asiria), llegando hasta las ciudades de Manasés, Efraín, Simeón y hasta Neftalí, hasta llegar a Bet-el, el lugar donde Jeroboam había puesto uno de sus altares paganos. Destruyó para siempre tal lugar de verguenza hasta hacerlo polvo, quemando las imágenes de Asera. También deshonró y profanó los sepulcros de los falsos profetas y sacerdotes paganos, sacando sus huesos de las tumbas y quemándolos en el altar (esta acción de quemar huesos humanos en un altar lo contaminaba definitivamente), cumpliendo de esta manera la profecía de Jehová por boca del varón de Judá. Todo se había cumplido. Josías llevó a cabo la orden de Jehová.

En su muerte, el profeta desconocido había inspirado al joven rey a ser obediente a Dios y confiar totalmente en Él sin apartarse de Sus mandamientos.

Faltaba la última encomienda de Jehová para Su caído profeta:

Después dijo (el rey Josías): ¿Qué monumento es éste que veo? Y los de la ciudad le respondieron: éste es el sepulcro del varón de Dios que vino de Judá, y profetizó estas cosas que tú has hecho sobre el altar de Bet-el. Y él dijo: Dejadlo; ninguno mueva sus huesos; y así fueron preservados sus huesos y los del profeta que había venido de Samaria. 2 Reyes 23:17-18

Sin lugar a dudas el rey Josías sintió que su vida había llegado a las alturas del propósito que Jehová le había encomendado. Muy pocos pueden saber con tal exactitud y certeza para qué han venido a este mundo, y cómo pueden ser realmente usados por Dios para llevar a cabo Su obra.

Josías sí que lo supo. El ver el Monumento Funerario de la tumba del profeta anónimo se lo confirmó. Josías debió estremecerse en todo su ser ante la grandeza de tal revelación. Había cumplido su misión. Desde lo profundo de su alma debió honrar al profeta desconocido. Su orden de mantener su sepulcro intacto sin ser perturbado así lo demuestra. Debió haber mirado con suma reverencia el último lugar de descanso del profeta caído. Quizás hasta haya pensado en su interior: "Gracias querido hermano. Misión cumplida. Te veré pronto. Descansa tranquilo." Jehová le concedió a Su profeta desde su tumba reafirmar y darle aliento al rey Josías para proseguir en su camino de fidelidad y búsqueda de Él, y así emprender el último reavivamiento espiritual en Judá, haciendo volver el corazón del pueblo a su Dios, cerrando así la época de los reyes previo al cautiverio Babilónico, a fin de empezar una nueva dispensación para Su pueblo elegido, preparándolos para la llegada del Mesías. Jehová no dejó sin honra a Su profeta. Nunca se supo su nombre. Pero eso no importó. Incontables sepulcros con nombres hay que no dicen nada. El de éste varón siguió profetizando, incluso hasta hoy. Fue tentado. Sí, cayó, desobedeció. Sí. Lamentablemente "llevamos éste precioso tesoro en vasijas de barro, para que la excelencia del Poder sea de Dios y no nuestra" (2 Corintios 4:7).

A pesar de todo, Jehová no lo descartó. Lo siguió usando. Aún después de muerto. Y aunque sus restos no tuvieron heredad junto a los de sus antepasados, sé que en las mansiones eternas éste varón tendrá su justa herencia, junto con todos los que han muerto en el Señor, porque ciertamente:

...descansarán de sus trabajos, porque sus obras siguen con ellos.
Apocalipsis 14:13

3

Manasés

De doce años era Manasés cuando empezó a reinar, y cincuenta y cinco años reinó en Jerusalén. Pero hizo lo malo ante los ojos de Jehová, conforme a las abominaciones de las naciones que Jehová había echado de delante de los hijos de Israel. 2 Cr 33:1-2

El reino del Norte, Israel, concluyó su círculo de apostasía y degradación espiritual bajo el reinado de Oseas aproximadamente el año 722 a.C. con la invasión del reino de Asiria, llevando a la cautividad y deportación fuera de la tierra del Pacto a 10 de las 12 tribus de Israel, para nunca jamás volver, cumpliendo la profecía de Ahías dada al primer rey de Israel Jeroboam 200 años antes: "Jehová sacudirá a Israel al modo que la caña se agita en las aguas; y Él arrancará a Israel de esta buena tierra dada a sus padres, y los esparcirá más allá del Eufrates, por cuanto han hecho sus imágenes de Asera, enojando a Jehová" 1 Reyes 14:15.

Jeroboam, de quien hablamos ya, introdujo la idolatría y reemplazó el culto verdadero de Jehová por un sistema pagano ajeno a la Ley y al sacerdocio auténtico. Nunca se arrepintió. Y toda la dinastía de reyes israelitas siguieron los pasos de Jeroboam en todas sus formas de rebelión y apostasía, incrementando incluso los pecados de éste.

Hubo verdaderos "campeones" en la profundidad de su idolatría y perversión, como lo fue Acab, apoyado por su diabólica consorte Jezabel (1 Reyes 21:25-26).

Pese a todo, Jehová mantuvo Su fidelidad a Su Pacto soportando pacientemente el grosero desfile de monarcas israelitas indolentes e impíos, enviándoles a los más poderosos profetas en obras como Elías y Eliseo en la más misericordiosa demostración de Gracia hacia Su pueblo, los hijos de Abraham de Isaac y Jacob, los herederos de las promesas.

Sólo unos parciales reavivamientos lograron estos héroes de Dios en el pueblo de Israel. Amós y Oseas registraron también sus esfuerzos de parte de Jehová para amonestar a Israel y llevarlos al arrepentimiento antes del juicio. No hubo cambio. Israel fue entregado a la justa retribución de la ira de Dios. Veinte reyes tuvieron. Todos hicieron lo malo a los ojos de Jehová.

Por su parte, en el reino del Sur, Judá, mientras Israel bajo el reinado de Oseas era entregado a los Asirios, Acaz, el doceavo monarca después de David gobernaba desde Jerusalén. Fue malo ante Jehová, siguiendo el ejemplo de los reyes israelitas sacrificando a ídolos e incluso quemando a su propio hijo en holocausto (2 Reyes 16:3). La mortal infección que llevó a Israel a su completa descomposición espiritual había llegado también al reino de Judá, a los descendientes de David. Acaz, abuelo de Manasés, dejó la impronta genética de la rebelión e idolatría en su nieto al cual nunca conoció. No hay registros en la Escritura acerca de algún arrepentimiento posterior de Acaz, sino más bien lo contrario. Hizo alianzas con el rey Asirio Tiglat-Pileser para defenderse del ataque de Siria, ofreciéndose como vasallo y presentándole las riquezas del templo de Salomón y del palacio real, oro y plata. Además, tomó un altar Asirio como modelo para construirse un altar a su gusto personal que reemplazó al altar de bronce donde se ofrecían los sacrificios de la Ley. Estos sacrilegios se verán repetidos y aumentados por Manasés, su nieto.

A la muerte de Acaz, Judá tuvo un reavivamiento espiritual de grandes magnitudes al subir al trono su hijo Ezequías. Fue un gigante espiritual sin paralelo hasta entonces, haciendo lo recto ante Jehová; quitó los altares idolátricos en los lugares altos, destruyó las imágenes de Asera, todo símbolo pagano (incluyendo la serpiente de bronce que Moisés hizo en el desierto).

Se apoyó de todo su corazón en Jehová, siguiendo Su Ley, y Jehová lo hacía prosperar en toda empresa. Rehusó seguir siendo vasallo de los Asirios y se rebeló contra ellos negándose a pagar tributos. El libro de Isaías (el cual fue profeta durante los reinados de Acaz, de Ezequías y hasta Manasés) relata con mucho detalle la gran liberación que Jehová obró en favor de Jerusalén cuando fue sitiada y amenazada de invasión por Senaquerib rey de Asiria. La fe de Ezequías fue puesta a prueba durante el asedio de los Asirios. Muchas ciudades amuralladas de Judá habían caído ante el ejército de Senaquerib, y éste, enorgullecido y soberbio, lanzó amenazas blasfemas contra Jerusalén y Jehová, negando que Su poder pudiera salvar a Ezequías y los habitantes de la ciudad Santa. Ezequías se negó a recibir ayuda de cualquier otro reino o ejército, y apoyado por su consejero espiritual Isaías, clamó a Jehová por ayuda haciéndolo su única esperanza ante un enemigo sobremanera numeroso, violento y empeñado en la destrucción. Jehová se glorificó sobre Senaquerib y su ejército, puesto que en una sola noche Su Ángel arremetió con una peste mortal en el campamento asirio dando muerte a 185,000 guerreros. Senaquerib, humillado, sin siquiera haber lanzado una sola flecha contra Jerusalén, regresó a Nínive, solo para encontrar ahí la muerte a manos de sus propios hijos (Isaías 37:1-38).

Ezequías demostró su fidelidad y confianza en Jehová en tan crítico momento donde la supervivencia del pueblo judío se encontraba literalmente al borde de la aniquilación. Alentó a Jerusalén a servir a Dios de todo corazón, poniendo él mismo el ejemplo. Un coloso espiritual de pies a cabeza. Sin embargo, se relata tanto en las crónicas de los Reyes como en el libro de Isaías que, luego de la liberación de Jerusalén, Ezequías cayó gravemente enfermo, probablemente de una herida infectada que le ocasionó septicemia. Isaías por Palabra de Jehová le ordenó que pusiera en orden todos sus asuntos porque Él había determinado que moriría. La noticia fue abrumadora en extremo para Ezequías. No quería morir. Con gran gemido oró a Jehová pidiendo por su alma, haciéndole recordar que lo había servido en verdad y con sincero corazón.

Jehová, compadecido por el lloro de su siervo, revoca Su voluntad inicial de hacerlo morir, sanándolo y añadiendo a sus días quince años más. Ésto trajo consigo una consecuencia de alcances y proporciones cataclísmicas para el futuro de Judá como nación. De haber aceptado la voluntad de Jehová obedientemente y ser reunido con sus padres, Ezequías hubiera dejado el trono vacante, puesto que no se menciona ningún otro heredero hasta ese momento. Pero después de ser curado y añadido con más años, Ezequías engendra a Manasés de su mujer Hepsiba (2 Reyes 21:1). Judá tiene ahora un sucesor para Ezequías como rey. ¿Pero qué clase de rey será el hijo de Ezequías? Dado lo milagroso de su entorno en que fue concebido (realmente Manasés no debía haber nacido en el plan original de Jehová), y de lo piadoso en extremo que su padre había sido, pudiera haberse pensado que Manasés seguiría en los mismos pasos de su padre, sirviendo a Dios de todo corazón; lo cierto es que al menos Ezequías debió esforzarse en instruir a su hijo en la Ley del Señor, trayendo a recuerdo las grandes obras que Él realizó durante su reinado.

Diez años Manasés fue corregente al lado de su devoto padre, con el profeta Isaías como consejero y portavoz de Jehová. Mejor instrucción espiritual no hubiera podido haber tenido el joven heredero. Judá estaba en paz. Asiria se había desentendido de ulteriores asedios a Jerusalén y el resto de la nación. Todavía sonaban los ecos de la gran liberación de Jehová y la humillación de Senaquerib. Había un ambiente propicio para que el reavivamiento espiritual que Ezequías había comenzado, que Jehová había respaldado con Su Poder, fuera continuado por Manasés. Cada rey que naciera del linaje de David era una esperanza de ver instaurado el Reino Mesiánico de Dios prometido en el pacto Davídico. Las circunstancias tan prodigiosas del reinado de Ezequías quizás levantaron la gran expectación de que tal promesa había llegado. Pero Ezequías murió. Conforme al tiempo añadido de Jehová a sus días, el gran rey, el gigante espiritual que llevó a Judá a volverse a Dios con todas las fuerzas había sido reunido a sus padres. Manasés, de doce años, quedaba al trono. La esperanza de ver cumplida la Promesa quedaba ahora sobre el vástago de Ezequías.

...e hizo lo malo ante los ojos de Jehová, según las abominaciones de las naciones que Jehová había echado de delante de los hijos de Israel. Porque volvió a edificar los lugares altos que Ezequías su padre había derribado, y levantó altares a Baal, e hizo una imagen de Asera, como había hecho Acab, rey de Israel... 2 Re 21:2-3

Manasés daba vuelta atrás con creces el gran reavivamiento espiritual que su padre había comenzado con tanto esfuerzo. Iniciaba un proceso de regresión idolátrica al estilo de los reyes apóstatas de Israel, teniendo como "campeón" o estándard de referencia al infame Acab, quien imitó a las naciones cananeas en sus abominables prácticas. La huella genética de Acaz, padre de Ezequías, brotaba en una dimensión agigantada en Manasés. Sin mayores detalles del por qué del grave proceso de extravío que había comenzado en su vida espiritual, Manasés se dejó llevar por el camino de obscuridad que su abuelo había seguido durante su reinado. Reuniendo todos los estandartes idólatras del aniquilado Israel, Baal y Asera, Manasés también volvió sus ojos a las esotéricas prácticas de los reinos vecinos, Asiria y la ya influyente Babilonia, adorando a los astros del cielo, las constelaciones estelares y los signos zodiacales, incluyendo la numerología Asiria, la cual es la base del misticismo judío que involucra la cabala y la gematría. Tales fascinaciones fueron sumergiendo a Manasés en prácticas aún más detestables y demoniacas; hizo quemar a sus hijos al ídolo Moloch en el Valle de Hinnom, tal como Acaz su abuelo había hecho, y también como Acab de Israel. Se fue pervirtiendo en entretenimientos totalmente diabólicos, puesto que se hizo amigo de hechiceros y brujos, médiums y espiritistas que consultaban a los muertos. Era dado a los agüeros y adivinaciones, y veía los tiempos (adivinación usando las nubes, viento y cualquier elemento climático). Toda forma de magia, superstición y arte obscura era parte de los sórdidos rituales y trances que la corte de Manasés practicaba a diario. Podría decirse a todas luces que había hecho un pacto con el demonio. Manasés se había entregado de lleno al satanismo.

Para añadir a la metamorfosis satánica que se labraba en el hijo de Ezequías, levantó una cruenta persecución contra los que aún querían ser fieles al Pacto de Jehová, llenando a Jerusalén de sangre de lado a lado. Los sacrificios de la Ley fueron detenidos, los sacerdotes y levitas perseguidos y asesinados. Los profetas de igual manera. Ni siquiera el fiel consejero de su padre Ezequías, el ya entonces anciano Isaías quedó a salvo del horrible vendabal de maldad soplado desde las entrañas infernales de Mansasés; la tradición judaica revelada en el pasaje de Hebreos 11:37 relata el sobremanera cruel modo en que el noble profeta fue martirizado: aserrado a la mitad por órdenes de Manasés. No había un detente en su perversidad.

Convertido en un poseído engendro del infierno, ahora atentaba contra el Santuario de Jehová, el Templo construido por Salomón su antepasado, donde éste y todo Israel vieron la Gloria de Dios tomando habitación ahí. Manasés lo profanó más de lo que hizo su abuelo Acaz que sustituyó el altar de Bronce de los Sacrificios por un modelo tomado de los paganos Asirios; llenó de altares para el "ejército de los cielos" los dos atrios de la casa de Jehová, e hizo poner una imagen fundida de Asera frente al Lugar Santísimo. No hay duda que durante éstos atentados sacrílegos del Templo, los sacerdotes descendientes de Coat emprendieron a toda prisa la evacuación del Arca del Pacto para esconderla de cualquier intento de profanación por parte del enloquecido Manasés. La tarea fue exitosa, puesto que sólo hasta que Josías fue rey sobre Judá se volvió a entronizar el Arca en su lugar. Aún así, el Templo de Jehová se convirtió en un blasfemo burdel idolátrico. Algo sin precedentes.

Judá tenía ahora su "campeón" de iniquidad en Manasés. Sus obras fueron sobremanera perversas. Hizo, pues, extraviarse a Judá y a los habitantes de Jerusalén, que imitaron sus prácticas tal como el pagano Israel se había ido alegremente tras la idolatría y el desenfreno pecaminoso. No hubo revuelta religiosa aquí tampoco, ni hubo resistencia santa. Todo Judá apostató de Jehová, e hicieron peor que las naciones cananeas que Jehová juzgó mediante Josué y los hijos de Israel.

Abominaciones como incesto, sodomía, bestialismo, necrofilia, necromancia, prostitución ritual idolátrica, pedofilia, sacrificio de infantes, violaciones y cruento derramamiento de sangre, sórdida lista de inenarrables prácticas que Manasés en sus más de 50 años de reinado trajo de vuelta en su desenfrenada regresión y degradación satánica sobre Judá. Quienes hubieron podido sobrevivir y recordar los días de Ezequías y su amor y devoción por Jehová, sin duda lamentaron su petición de agregar más años a sus días. La fuerza más obscura e impía cubría como densas tinieblas el reinado de Judá, la Casa de David, la Ciudad Santa. ¿Dónde estaba Jehová? ¿Acaso no veía el grotesco espectáculo de degradación espiritual en el que Su pueblo se regocijaba con frenesí diabólico? ¿No veía la sangre de Sus profetas y fieles que eran masacrados y violentados? ¿No oía los llantos de los infantes quemados al fuego y abusados en tan horrendos rituales demoniacos?

Y habló Jehová a Manasés y a Su pueblo, mas ellos no escucharon
2 Cr 33:10

Desde luego que Jehová estaba atento. Fue paciente y en extremo tolerante con la libertad de elección de Manasés y de Judá. Cada profeta asesinado, cada fiel que moría por servir a Jehová era un ascua de fuego amontonada sobre la frente del pueblo de Dios y Su rey, cada gota de sangre inocente vertida en esos vomitables rituales era un clamor que se alzaba hasta Jehová pidiendo justicia y vindicación. Manasés colmó la sobrenatural longánima paciencia de Dios hasta rebosar su medida. Su ira se había encendido, y no se aplacaría hasta que Su Santa justicia fuera satisfecha. Por ese entonces, el poder de Asiria comenzaba a menguar sobre las naciones que le eran tributarias. Babilonia una de ellas. Ya desde los días de Ezequías se comenzaron a levantar buscando alianzas para sacudirse el yugo asirio. El mismo Ezequías recibió una comitiva de príncipes babilónicos. No acordaron ninguna alianza en específico, pero quedaron como naciones en buena relación. Además, Babilonia y su cultura y artes eran notables en toda Mesopotamia. Asiria misma había aprendido mucho de ellos.

Puede decirse que Babilonia era la cara cultural y progresista del reino Asirio, pero Asiria era el poder Militar y Bélico reinante. Babilonia ya había intentado varios golpes contra el reino Asirio, pero no fue lo suficientemente fuerte aún para triunfar.

El rey Asirio Asurbanipal, nieto de Senaquerib era el monarca en vigencia en esos días. Altamente suspicaz de cualquier intento contario a sus exigencias, no se tentaba el corazón para aplastar la más mínima apariencia de potencial rebelión. Manasés, pese a haberse declarado vasallo de Asiria, levantó las sospechas de Asurbanipal. Fascinado por las prácticas esotéricas y místicas de los Babilonios, Manasés mostraba su buena voluntad hacia éstos, tal como su padre lo había hecho. No se ha demostrado históricamente que Judá haya hecho alianza con Babilonia para intentar derrocar al imperio Asirio. Pero el recuerdo del humillante fracaso de Senaquerib en su campaña contra Ezequías y Jerusalén, añadido a las continuas rebeliones de Babilonia, y el carácter desconfiado de Asurbanipal fueron los ingredientes mezclados que Jehová utilizó para mostrar Su ira Santa y Su Justicia sobre Judá y Manasés:

...por lo cual Jehová trajo contra ellos los generales del ejército del rey de los Asirios, los cuales aprisionaron con grillos a Manasés, y atado con cadenas lo llevaron a Babilonia. 2 Crónicas 33:11

Manasés experimentó toda la furia de Jehová a través de los crueles Asirios. Es bien conocida por la historia antigüa el sadismo inusitado con que éstos trataban a los prisioneros de las naciones conquistadas. No en balde el mismo Dios habiendo visto sus inhumanas acciones les envió un ultimátum con el profeta Jonás condenando su maldad y destinándolos a la destrucción. Pese a que esa generación de Asirios experimentó el arrepentimiento y obtuvo misericordia de Jehová, las siguientes generaciones retomaron los pasos de sus predecesores. Si bien que el ocaso de su imperio se veía ya en el horizonte, y menguaba ya toda su gloria pasada, su crueldad era lo único de reputación a lo que podían aferrarse.

Como leones senectos incapaces de lograr las proezas del ayer, se vuelven en extremo salvajes con sus víctimas a fin de no parecer débiles. Así fue el último siglo del gran imperio Asirio. Leones viejos en decadencia tratando de retener lo más de reputación posible. La lista de inhumanidades y barbarie legado de Asiria es bien descrita por los historiadores:

- Desollamiento en vida

- Mutilación corporal paulatina y lenta

- Decapitación de las familias reales forzando al rey vivo a marchar encadenado llevando a cuestas las cabezas cortadas de los suyos

- Tender a los prisioneros en el suelo y hacerles pasar por encima la carrocería del ejército

- Colgar pesadas cadenas apretadas sobre el cuerpo desnudo de los prisioneros haciéndolos caminar bajo lluvia de azotes

- Privación de alimentos, obligando a comer estiércol y beber orina

Y el sello distintivo de Asiria:

- Poner garfios de hierro en las narices, pezones y genitales de las víctimas capturadas, siendo anclados a cadenas jaladas por caballos o bueyes.

La tradición judaica y otras traducciones de las Escrituras añaden la forma en que Manasés fue humillado por los generales Asirios; como una bestia servil, su nariz fue traspasada por un garfio, haciéndolo marchar desnudo amarrado y cargado de pesadas cadenas de bronce camino a Babilonia, donde sería puesto como prisionero de Asurbanipal bajo cargo de rebelión. No se sabe exactamente cuánto tiempo estuvo así, pero su cautividad duró varios años. Solo es posible conjeturar las vejaciones y abusos que Manasés sufrió a manos de sus captores, que gozaban como sibaritas infringiendo el máximo dolor y humillaciones posibles, agotando toda la lista de torturas de su enferma imaginación.

No era de sorprender que muchos preferían suicidarse antes que caer prisioneros de los depravados Asirios. La vida del perverso rey de Judá había dado un vuelco total. Ayer se deleitaba dando muerte y viendo sufrir a la gente de Dios mientras gobernaba en el trono, ahora él se había convertido en un espectáculo de degradación humana ante los paganos que reían como demonios mientras lo veían retorcerse de dolor y escuchaban sus gritos y gemidos de agonía. ¿Dónde estaban ahora los ídolos a los que dedicó su vida y devoción? ¿A dónde se había ido la protección de todo el "ejército de los cielos"? ¿Por qué toda la corte infernal de entidades espirituales a los que nombraba y aclamaba en sus repugnantes rituales no habían acudido a salvarlo? ¿Baal, Asera, y todos esos despreciables entes salidos de la cloaca del inframundo, acaso no tenían poder? ¿A esos falsos dioses les había dado la vida de sus hijos? En su hora de máxima necesidad, Manasés fue ensombrecido con la realidad adicional a los tormentos asirios, de que toda su obscura religión era un cruel embuste que no proveía ninguna protección, y que lo había hecho apostatar tan lejos del Camino de Jehová que su padre le había enseñado desde su temprana infancia. El compartir creencias idolátricas con sus paganos captores tampoco aligeró en nada el cruel programa de reclusión que le era impuesto día a día.

Abandonado por todos, traicionado por sus ídolos y arcontes infernales a quienes les rindió tan retorcidas devociones, Manasés vivía una sola realidad: sufrimiento y terror. Cada vez que abrían su calabozo podía ser su último día. Y si vivía, era para estremecerse con el más profundo miedo esperando la hora de la siguiente tortura, mientras su carne languidecía víctima de los abusos y de la privación de toda misericordia, apenas siendo alimentado para sobrevivir. Su alma fue reducida a mortal angustia. En las horas de la noche, su sufrimiento se intensificaba a niveles demenciales al oír los gritos y lamentos agónicos de otros prisioneros que servían de brutal entretenimiento a los guardas nocturnos, pensando que quizás alguno de ellos tuviera la ocurrencia de visitarlo para no hacerle olvidar que ya no estaba en su palacio en Jerusalén, y darle un fresco recordatorio de su condición actual.

Pero eso era lo tolerable: las espectrales voces dentro de su mente próxima a la locura carcajeándose de su destino; acusándole de todas las atrocidades que él había cometido; los llantos de los infantes que quemó al fuego, sus propios hijos incluidos; los modos infinitamente crueles en los que torturó y mató a los profetas de Dios y los que guardaban Su pacto; la sangre derramada en esos viciosos detestables rituales; la lujuria con lo que se retorció entregándose a las más bajas prácticas de negra idolatría; todo ese torbellino de dantescas memorias producto de una vida de acérrima enemistad contra Jehová desfilaban y aullaban vertiginosamente en la conciencia del hijo de Ezequías, con distorsionados y demoniacos tonos de hostigamiento que le prometían el más reservado y selecto lugar en los lugares del infierno. Esa era la peor parte que Manasés tenía que soportar. Y cada noche se iban intensificando más esas voces, aún incluso durante el día, avivado por los escarnios y tormentos físicos cortesía de los Asirios, Manasés casi podía sentirse en los mismos intestinos de la Condenación Eterna. Veía sin duda su nombre ya escrito en un lugar asqueroso junto al padre de Mentira que lo había engañado, y que ya acariciaba a un hijo de David para tenerlo en ignominia perpetua. La justicia de Jehová estaba siendo saciada. Era justo que el Todopoderoso, el Soberano Juez del Universo entregara a este retorcido hijo de Satanás a los más horrendos castigos aquí y allá en la eternidad en retribución por toda su rebelión y su desprecio por Su Pacto y Su Nombre. Alguien tan desviado espiritualmente, tan envilecido y empantanado en los más blasfemos pecados solo podía hacer una última cosa: morir maldiciendo al Dios que había rechazado y vituperado toda su vida, e irse a su justo lugar en el infierno. El gusano que no muere y la llama que nunca se apaga ya estaban esperándolo.

Pero, he aquí, uno de los milagros más asombrosos registrados en la Escritura:

Más luego que fue puesto en angustias, oró a Jehová, HUMILLADO GRANDEMENTE EN LA PRESENCIA DEL DIOS DE SUS PADRES.
2 Cr 33:12

Increíble. ¿De dónde le vino a este reprobado y entenebrecido ser humano, un ya seguro habitante del infierno, el quebrantamiento de corazón que lo llevó a alzarse de las fétidas negruras del abismo hasta la Celestial Presencia del Eterno, en la más penitente y contrita auto humillación? Simplemente sobrenatural. Una misericordia de lo Alto. Un Don del Cielo, del Padre de las Luces. Romanos 9:15-16;18: "Pues a Moisés dice: Tendré misericordia del que Yo tenga misericordia, y me compadeceré del que Yo me compadezca. Así que no depende del que quiere, ni del que corre, sino de Dios QUE TIENE MISERICORDIA. De manera que de quien quiere, tiene misericordia, Y AL QUE QUIERE ENDURECER, ENDURECE."

Manasés es el viviente ejemplo de lo que Pablo afirmó. Un miserable y retorcido pecador, campeón de pecadores, sin merecer absolutamente nada del favor de Dios, tras toda una vida de rebelión contra Él, recibe el celestial destello de arrepentimiento que lo lleva a quebrantar su corazón y humillarse voluntariamente ante Su Presencia, para SUPLICAR POR LA INMERECIDA MISERICORDIA.

Jehová salva a Manasés del endurecimiento terminal y definitivo. Las torturas y vejaciones de sus captores, en vez de endurecerlo irremediablemente en orgullo y soberbia, van avivando en él su muy cauterizada conciencia, creando un corazón que va siendo suavizado gradualmente hasta crear en él la atmósfera lo más cercana a la sanidad espiritual para hacerlo receptivo a la invitación del Eterno y suplicar por el perdón.

Jehová obró misericordiosamente despertando en Manasés la congelada fibra de su ser capaz de ser conmovida aún. Enmudeciendo los acosos y opresiones obsesivas de satanás y sus esbirros dentro de su torturada mente, Dios los reemplaza trayendo a la memoria del orgulloso rey de Judá sus días de infancia al lado de su virtuoso padre Ezequías.

¡Con qué amor y devoción debió el gran rey instruir a su pequeño hijo en la obediencia a Jehová! ¡Cuántas noches entonaron los salmos de su ancestro David para alabar al que Vive Por Siempre! ¡Cuánto fervor debió ver el joven

Manasés en su padre al adorar a Dios postrado en el Templo, ofreciendo los sacrificios de la Ley! ¡Las enseñanzas y tutoría del fiel consejero de Ezequías, el profeta Isaías, sus escritos inspirados, sus revelaciones de parte de Jehová, las batallas espirituales que luchó junto con su rey apoyándolo y animándolo a confiar solo en Él, cuando todo parecía perdido! Todas esas piadosas memorias de su pasado traídas por obra de Dios iluminaron la negra noche del presente en el que se encontraba ahora, para reavivar la fe que una vez habitó en su alma, sembrada por su padre y por Isaías. Esas dulces imágenes de virtud y de búsqueda de santidad, con la reconfortante paz que emanaban fueron el misericordioso látigo que Jehová utilizó para romper la pétrea capa escamosa adherida al frío y atrofiado corazón de Manasés, a fin de activarlo y moverlo para bombear ahora deseos de arrepentimiento y dolerse de toda la maldad cometida.

A la par de los azotes de los Asirios sobre su carne, Jehová sacudía más y más el achicado mezquino corazón de Manasés, forzándolo a ensancharse de dolor y vergüenza por sus horrendos pecados. Sin duda alguna, luego de los tormentos y aflicciones de parte de sus captores, se podía oír y ver al una vez soberbio y orgulloso Manasés postrado en su celda, vestido de harapos pestilentes ensangrentados, gimiendo en ardiente lloro y clamor, no por sus dolores físicos, sino por auténtica genuina (y Celestial) contricción de sus culpas. Sobre la humillación impuesta por Asiria, Manasés se añadía su propia humillación a corazón desfondado delante del Dios de sus padres. Lo impensable estaba sucediendo. Manasés oraba a Jehová, profundamente dolido y arrepentido de todo lo que había hecho. Era justo que padeciera todos estos suplicios en retribución a sus rebeliones contra Jehová y sus crímenes cometidos. Había sólo un paso entre la muerte y su alma. Cualquier día llegaría su sentencia de parte de Asurbanipal. Sabía que de ese juicio las posibilidades de salir bien librado eran virtualmente de cero. Lo único que Manasés deseaba era saberse y sentirse perdonado por Jehová antes de morir. Sus súplicas y ruegos se multiplicaron exponencialmente en verdadera angustia y sufrimiento espiritual. ¿Podría Jehová perdonar a Manasés?

Y habiendo orado a Él, fue atendido; PUES DIOS OYO SU ORACION, Y LO RESTAURO A JERUSALEN, A SU REINO. Entonces reconoció Manasés que Jehová era Dios. 2 Cr 33:13

Por si el primer milagro -el arrepentimiento de Manasés- no había sido suficiente, Jehová vuelve a obrar poderosamente en una tríada de Misericordia Sobrenatural: 1) honrando Su Santo Nombre concediéndole el perdón de sus culpas, 2) salvándolo de morir a manos de Asurbanipal, y 3) haciéndolo volver a reinar sobre Judá y Jerusalén. Sobremanera milagroso.

Manasés había nacido de nuevo envuelto en la misericordia infinita de Dios. Literalmente había sido arrancado de las entrañas del infierno para ser traspuesto a la Luz admirable del Creador, quien usando de forma anticipada los méritos de Cristo otorga la Gracia a tan miserable pecador, limpiándolo de la culpa eterna y dándole un nuevo corazón que reconociera que solo Jehová ES DIOS.

Manasés sabía del pacto de Dios con Israel en el desierto luego de salir de Egipto, su padre con toda seguridad y con todo detalle había inculcado este conocimiento en su hijo. Recordando cuando los israelitas se olvidaron de Jehová y se hicieron un ídolo de oro para adorarlo, Jehová se apiada de ellos por la intervención de Moisés, y lejos de olvidarse de Su Pacto con ellos, lo renueva, y revela Su Naturaleza, con las palabras registradas en Exodo 34:6-7:

¡Soy el Dios de Israel! ¡YO SOY es el Nombre con que me di a conocer! Soy un Dios tierno y bondadoso. No me enojo fácilmente, y Mi Amor por Mi pueblo es muy grande. Mi Amor es siempre el mismo, y siempre estoy dispuesto a perdonar a quienes hacen lo malo. Pero también sé castigar al culpable, y a sus hijos, nietos, bisnietos y tataranietos. Ex 34:6-7 TLA

Tal reconocimiento se hacía vivo en Manasés. Debió recordar esas palabras y atesorarlas en lo más recóndito de su nuevo corazón. Estaba vivo por Jehová, y para Jehová.

¿Cuál sería su proceder de ahora en adelante?

Después de ésto, edificó el muro exterior de la ciudad de David, al occidente de Gihón, en el valle, a la entrada de la Puerta del Pescado, y amuralló Ofel, y elevó el muro muy alto; y puso capitanes de ejército en todas las ciudades fortificadas de Judá. 2 Cr 33:14

Manasés podría de ahora en adelante confiar en Jehová de todo corazón, pero no así en Asurbanipal. El primer paso era asegurarse y protegerse contra mas incursiones asirias sobre Jerusalén y sus alrededores. Su captura trajo consigo que las defensas de la ciudad fueran destruidas. Era de capital importancia levantarlas de nuevo, haciéndolas lo más inexpugnable posibles al elevar la altura de las murallas cuanto más se pudiera. Si iba a restaurar el culto a Jehová debía hacerlo al mismo tiempo siendo responsable por la seguridad de su reino y de su pueblo que le eran confiados de nuevo. Imitaba en ésto a su padre Ezequías, quien resguardó los accesos al agua en túneles subterráneos para impedir que el sitio de los Asirios dejara a Jerusalén sin el suministro del vital líquido. Por primera vez en su vida, Manasés se portaba como un digno monarca preocupado en atender los asuntos de su reino de un modo cabal y sabio.

Asimismo quitó los dioses ajenos, y el ídolo de la casa de Jehová, y todos los altares que había edificado en el monte de la casa de Jehová y en Jerusalén, y los echó fuera de la ciudad. Reparó luego el altar de Jehová, y sacrificó sobre él sacrificios de ofrendas de paz y de alabanza; Y MANDO A JUDA QUE SIRVIESEN A JEHOVA DIOS DE ISRAEL. 2 Cr 33:15-16.

Quienes hayan atestiguado ésto debieron tallarse los ojos y pellizcarse la piel para saber si no estaban teniendo una alucinación o un sueño. ¡Manasés convertido en un fiel prosélito de Jehová! Era casi una revelación Sinaítica o una Teofanía. Con justa incredulidad debieron (sobre todo los pocos sacerdotes levitas que quedaban luego de la cruenta purga de años pasados) aceptar la nueva y extrema realidad que su transformado monarca les imponía ahora.

Pero les gustara o no, lo creyeran o no, Manasés estaba volcado en restaurar el culto a Jehová, y les ponía el ejemplo al volver al sistema de sacrificios de la Ley, y sacar fuera toda la parafernalia idolátrica que alguna vez siguió, santificando de nuevo la Casa de Dios y restaurando Su altar. El celo por Jehová se había apoderado de él. No se quedó solamente en promesas ni en emocionalismos transitorios. Manasés era ahora un verdadero adorador del Todopoderoso. Respondía correctamente con fidelidad a la misericordia que había recibido de Su parte.

A pesar de todo el sincero esfuerzo y entrega de Manasés para tratar de revertir lo más posible todo el daño que su grave apostasía había causado, fue imposible dar marcha atrás al "continuum" de degradación espiritual que su largo reinado había puesto en movimiento. Las reformas religiosas que Ezequías había empezado fueron obliteradas del todo con el reemplazo de la más seductora idolatría. No solo Manasés se embebió en ella. Todo Judá gustoso olvidó el culto a Jehová y como nación entera se prostituyeron espiritualmente tras las nuevas y diabólicas reformas de su rey. En una sola generación se degradaron a niveles peores que los habitantes cananeos de la época pre-Israel. Algo había quedado de manifiesto en el carácter del pueblo judío tras décadas de apostasía y pecado: les gustaba la idolatría. No había celo por la Ley de Dios. Si 100 años hubiera Manasés reinado revolcándose entre ídolos y satanismo, todo Judá tambien le hubiera hecho segunda. Intrínsecamente, dentro de su médula más profunda, el pueblo de Dios era incorregiblemente idólatra y apóstata. A la mínima oportunidad, se irían al extravío tras los ídolos y las seducciones, echando tras sus espaldas al Dios Verdadero. Necesitaban UN VOLVER A EMPEZAR. Jehová pues, por el sincero cambio de corazón de Manasés, y su genuino arrepentimiento le otorga Su perdón y Su misericordia. Pero a Su pueblo, como nación, decidió no perdonarlos, y les pone límite para traerlos a juicio:

Y los entregaré para terror a todos los reinos de la tierra, a causa de Manasés hijo de Ezequías, rey de Judá, por lo que hizo en Jerusalén.
Jer 15:4

Ya Ezequías había recibido la profecía de que sus descendientes junto con todas las riquezas que les mostró a los embajadores babilónicos serían llevados a deportación y servirían como esclavos y eunucos del rey de Babilonia. Jehová en Su Omnisciencia decretó lo porvenir antes de que siquiera subiera al pensamiento de los hombres. El deseo del gran rey de alargar sus días concedido por la inescrutable sabiduría de Dios sí que trajo todas estas graves consecuencias. A través de Manasés, Jehová probó la fidelidad de Su pueblo, dándoles la última oportunidad de cambiar su destino. Pero luego de su largo reinado, Judá no aprovechó tal oportunidad. Incluso después del cambio radical en Manasés sirviendo y mandando servir solo a Jehová, los judíos seguían sacrificando en los lugares altos, al estilo idólatra. Sus raíces de apostasía e idolatría eran demasiado profundas. Y el largo reinado rebelde de Manasés solo sirvió para reforzarlos más en ellas.

Ciertamente ésto vino contra Judá por mandato de Jehová, para quitarla de Su presencia, por los pecados de Manasés, y por todo lo que él hizo; asimismo, por la sangre inocente que derramó, pues llenó a Jerusalén de sangre inocente; Jehová, por tanto, NO QUISO PERDONAR. 2 Re 24:3-4

Una lección muy dura que aprender. Jehová perdona el pecado. Pero las consecuencias de éste pueden permancer e impactar a generaciones venideras. Para Judá era cuestión de tiempo el cosechar tales consecuencias. Manasés seguramente era conciente de todo el mal que había traído sobre su nación. Debió dolerse en gran medida de que por más esfuerzos que hiciera, ya no podía revertir esos años de rebelión y sus efectos sobre el pueblo de Dios, que ni siquiera eran ya capaces de sacrificar debidamente a Jehová sin estar rememorando los cultos idólatras. En sus pocos años de buen reinado, cinco o seis a lo mucho, no logró volver ni a la mitad del reavivamiento que Ezequías su padre había comenzado. No pudo tampoco arrancar la idolatría de su propia casa. Su hijo Amón, quien sería su heredero a su muerte, fue malo ante Jehová. No continuó con las reformas religiosas de Manasés, sino que las echó por tierra, volviendo a edificar los altares y el culto idólatra en todo Judá y Jerusalén. Y todo Judá y Jerusalén volvieron a tales prácticas nuevamente.

Jehová se mostraba justo en tener toda Su ira reservada contra Su pueblo rebelde y apóstata de corazón. Parecía un caso totalmente perdido. Manasés parecía esforzarse en vano, golpeando enemigos de aire, espíritus de idolatría y rebelión que hallaban cabida en cada habitante de su nación. Por cada fiel prosélito de Jehová que surgía, diez seguidores de Baal se alzaban inclinando la balanza al lado de satanás y su obra perversa. Pero Jehová no dejó que su siervo Manasés muriera con tan amargo sabor en su alma. Así como con Moisés, pese a haber pecado contra Jehová en Meribá, destinándolo a andar pastoreando al Israel rebelde por el desierto hasta verlos morir, solo para luego no poder entrar en la tierra de la Promesa, Canaán, Jehová tiene misericordia de él, y a pesar de no revocarle su castigo, le permite experimentar el sabor de los primeros triunfos sobre dos poderosos monarcas cananeos ya en la frontera de la tierra prometida, lidereando una nueva generación de israelitas al lado de Josué. Moisés murió no con la amarga experiencia de su rebelión y la de todo el Israel que dejó Egipto y murió en el desierto. Murió envuelto en la misericordia de Jehová, probando las primeras victorias que Josué se encargaría a la postre de llevar a total compleción. Manasés tuvo sin duda el bálsamo sanador en su alma dolida al hacerse cargo de la temprana instrucción espiritual de quien sí continuaría el reavivamiento hacia el fiel culto a Jehová, y de quien se había profetizado que acabaría para siempre con la idolatría tan arraigada en Israel: Josías. Josías, hijo de Amón, hijo de Manasés, se encargaría de cerrar la etapa del reino de Judá todavía soberano e independiente con una vuelta a la Ley de Dios de grandes proporciones.

De esa generación fiel saldrían grandes siervos profetas de Jehová como Jeremías, Daniel y Ezequiel, quienes tanto en su cautividad en Babilonia como alrededor de las ruinas de la Jerusalén juzgada, sirvieron de portavoces al esclavizado pueblo judío prometiéndoles de parte de Dios que un día terminaría su cautiverio, y servirían de todo corazón a Jehová, y Él los volvería a llevar de nuevo a Su heredad. Amón, idólatra y corrompido en su alma, no pudo en lo absoluto enseñar nada piadoso a su hijo Josías, salvo la apostasía de su propio entenebrecido corazón.

Fue sin duda alguna el ya viejo y moribundo Manasés, su abuelo, quien le enseñó a honrar al Dios de sus padres, justo como Ezequías había hecho con él. ¡Con cuánto celo y lágrimas debió el otrora servidor de satanás transmitir las glorias de Jehová a su pequeño nieto! ¡Cuánta diligencia en instruir al futuro rey de Judá en la obediencia al Todopoderoso! Manasés sabía que su tiempo de partir se acercaba, y que a través de Josías Jehová cumpliría Su promesa de acabar de una vez y para siempre con la nefasta idolatría de Su pueblo. Cada día que pasara con el pequeño próximo monarca, era de vital importancia que fuera aprovechado en sembrar en él toda la fe y confianza en Jehová. Manasés murió de aproximadamente 65 años. Amón su hijo reinó en su lugar por dos años, y fue asesinado. Josías fue ungido rey de Judá a los 8 años. Cuatro años más joven que lo que era Manasés cuando fue proclamado rey. Debió necesitar todo el apoyo de sus consejeros en la corte para tomar decisiones. Consejeros seguramente idólatras como su padre Amón. Pero las semillas de la fe estaban bien sembradas en el tierno corazón de Josías, y toda su vida se caracterizó por servir fielmente a Jehová. Su abuelo había hecho un buen trabajo. Proverbios 22:6: "Instruye al joven en el Camino, y aún cuando fuere viejo, no se apartará de él". Si vida y tiempo le faltaron al transformado Manasés para llegar a reavivar a su nación como su padre lo había hecho, a través de Josías pudo lograrlo.

Dios no abandonó a Su siervo Manasés entregándolo a la culpa por sus pecados del pasado. Murió sabiendo que:

... si nuestro corazón nos reprende, mayor que nuestro corazón es Dios, Y EL SABE TODAS LAS COSAS 1 Jn 3:20

4

Simón Pedro

Dijo también el Señor: Simón, Simón, he aquí Satanás os ha pedido para zarandearos como a trigo; pero yo he rogado por ti, que tu fe no falte; y tú, una vez vuelto, confirma a tus hermanos. El le dijo: Señor, dispuesto estoy a ir contigo no sólo a la cárcel, sino también a la muerte. Y El le dijo: Pedro, te digo que el gallo no cantará hoy antes que tú niegues tres veces que me conoces. Lucas 22:31

Es quizás ya mucho lo que ha sido escrito y analizado en torno al personaje del apóstol Pedro, sus características de personalidad, su conducta, sus contrastes, su temperamento...y obvio, sus fracasos y desatinos. Muchas cosas pudieran hipotetizarse y conjeturarse acerca de la psicología y modo de pensar de Simón, el hijo de Jonás, hermano de Andrés, el pescador de Cafarnaúm. A la luz de la Palabra de Dios, los evangelios y cartas apostólicas solamente pueden arrojar luz de modo indirecto y velado respecto al apóstol a través de sus propias palabras que fueron recopiladas en ellos, de las declaraciones, encomios y reprimendas que Jesús profirió respecto a él.

Se podría dibujar un bosquejo de su personalidad no muy alejado de la realidad con todos esos datos y referencias encontrados en las Escrituras, tomando en cuenta que la Biblia no es un libro biográfico para nadie en particular, ni siquiera para el mismo Jesús.

Lo realmente importante no es, sin embargo, el disecar y exponer la psique del apóstol, como si a través de sus patrones de pensamiento y conductas fuéramos a obtener la respuesta de su vida y de su posterior transformación; lo importante es descubrir el actuar y moverse de quien Pedro era seguidor: Jesús. Siguiendo de cerca a Jesús nos daremos cuenta de lo Él pudo hacer en su vida, muy a pesar de Pedro mismo, de sus muchas fallas y autoboicoteos.

Un fragmento del hermoso salmo 116 bien puede aplicarse como referencia veterotestamentaria al particular apoyo, paciencia y amor que Cristo tuvo para con Su muy particular discípulo:

Jehová guarda a los SENCILLOS; Estaba yo postrado, y me salvó...
Salmo 116:6

Aquí, la palabra "Sencillo" en hebreo significa algo muy distinto a su significado en castellano que más bien se entiende como "humilde", "simple", "rudimentario"; su traducción literal sería "FASTIDIOSO", "MOLESTO", "IRRITANTE", "TORPE", "INOPORTUNO". ¿Suenan esas definiciones como a Simón Pedro? Creo que cualquier estudiante nivel básico a intermedio de los evangelios podría adjudicarle alguna de esas características.

Lo destacable aquí no es lo trágico de tener esa definición de "Sencillo"; lo destacable es que esos pobres Fastidiosos-Molestos-Irritantes-Torpes-Inoportunos (y la lista puede seguir) ES QUE LO RECONOCEN. Sí. Lo han reconocido y así se presentan ante Jehová, y por eso Él los guarda. Y si no lo han reconocido aún, pues para allá irán. Al menos así le pasó a Simón Pedro.

Simón era quizás un hombre adulto joven cuando fue reclutado por Jesús, de entre 25 a 35 años, no se sabe exactamente, pero anteviendo Cristo que Su discípulo lograría pasar sus pruebas pertinentes, le esperaban por lo menos 30 años de ministerio apostólico por delante, por lo que escogerlo aún en edad de plenitud física fue tal vez un criterio importante para su inclusión.

De oficio pescador, como lo relatan los evangelios (Mateo 4:18, Marcos 1:16, Lucas 5:3-4, Juan 21:3), casado, (Lucas 4:38, 1 Corintios 9:5), era el típico hombre de la provincia de Galilea acostumbrado a la vida dura y laboriosa de la empobrecida clase trabajadora, que hacía verdaderos milagros para lograr la supervivencia del día a día bajo las pesadas condiciones que vivía la región de Judea del siglo I bajo dominio del Imperio Romano, pagando humillantes y ominosos tributos que ponían a prueba la fe del pueblo de Dios.

Adicionalmente a eso, también debían pagar los respectivos tributos de su comarca, y los diezmos e impuestos del templo de Jerusalén y las sinagogas locales donde se reunían a escuchar las enseñanzas de los rabinos y fariseos (a los cuales también debían su respectivo honor, ya en moneda o en especie). Tomando en cuenta todo el "taxaje" anteriormente mencionado, al trabajador común solo le restaría entre un 40-30% de su ingreso real.

Una realidad desesperante y funesta, la cual había llevado al levantamiento de grupos radicales que en vano buscaban oponer resistencia a la Bestia de Dientes de Hierro que devoraba todo a su paso (Daniel 7:7), y que había también corrompido a los líderes religiosos, haciendo alianza con ellos para buscar apaciguar los ánimos enfebrecidos del cada vez más pobre e inconforme pueblo de Dios. Sin embargo, la gran mayoría del sector religioso a la cabeza era una parvada de buitres hipócritas jugando un doble juego, usando a Roma a veces, y a sus propios conciudadanos en otras según les conviniera. La desesperanza, el desaliento, la traición, el continuo miedo a la represión, la carestía y el hambre era lo que permeaba en el corazón de los habitantes de Galilea. Todo lo que al final del día les quedaba, además de deudas, era el consuelo de sus familias...y la promesa de un Mesías Redentor.

Pedro no era ajeno a recordar y esperar en tal promesa. Seguramente como todo judío instruido en los principios básicos de la Torá y del judaísmo, conocía lo elemental respecto a los tiempos del cumplimiento de la Promesa.

Muy seguramente fue discípulo de Juan el Bautista, o al menos había seguido de cerca su ministerio, ya que Andrés su hermano, el cual sí fue discípulo de Juan, le dijo luego de haberlo dejado para seguir a Jesús "Hemos hallado al Mesías" (Juan 1:40-41). No estaba ya lejos la Salvación para Simón, el futuro Pedro, apóstol de Cristo.

Propietario de un bote de pesca, el cual quizás también lo arrendaba junto con su hermano Andrés, era su herramienta de trabajo más preciada que le aseguraba el medio para obtener su sustento. Su bote y sus redes eran todo para Pedro. En ellos y en su instinto y experiencia de pescador ponía toda su confianza. En ese bote, en medio de esas redes y luego de una noche de fracaso en el mar de Galilea, Pedro pronto aprendería y reconocería quien sería la fuente de toda su confianza de ahí en adelante; el evangelio de Lucas narra que Jesús se encontraba junto al lago de Genesaret (también llamado Mar de Tiberías, que no es sino el mar de Galilea) predicando a las personas, y vio dos barcas en la orilla con los pescadores que lavaban sus redes luego de una noche de trabajo. Y una de esas barcas era la de Simón. Pidió pues a éste que le permitiera entrar en su bote (¡felicidades, Pedro, ¡he aquí tu Salvación!) y alejarlo un poco de la orilla para continuar predicando desde él. Habiendo terminado su enseñanza, dijo a Simón: "Boga mar adentro, y echad vuestras redes para pescar". Respondió éste: "Maestro, toda la noche hemos estado trabajando, y nada hemos pescado; más en Tu palabra echaré la red." (Lucas 5:4-5).

Así sería la interacción de ahora en adelante entre Jesús y Su nuevo discípulo, o al menos casi siempre: Jesús ordena, y Pedro da su opinión antes de obedecer. Pero Jesús es paciente. Entiende. Sabe la clase de piedra que ha encontrado, una que requerirá mucha talla, esfuerzo...y quebranto, hasta moldearlo al propósito de su llamado.

¿No llevamos acaso todos nosotros un Pedro en nuestro interior?

Debió Pedro quedar impresionado con la predicación y la fuerza que proyectaba Jesús, igual que con su carisma y modo amable y determinado de pedir las cosas, de otro modo, luego de horas y horas de frustrados esfuerzos en conseguir el sustento, el ser ordenado en hacer "un último esfuerzo" hubiera enfadado sobremanera al fatigado curtido y volátil pescador de Galilea, confiado de sí mismo y de su experiencia. Algo sobrenatural debió percibir Pedro en ese misterioso hombre que con tanta seguridad le alentaba a caminar la milla extra. Por eso, pese a su reclamo inicial, le concede un voto de confianza. Y el relato sigue: "Y habiéndolo hecho, encerraron gran cantidad de peces, y su red se rompía. Entonces hicieron señas a los compañeros que estaban en la otra barca para que vinieran a ayudarlos; y vinieron, y llenaron ambas barcas, de tal modo que se hundían." (Lucas 5:6-7). ¡Una pesca verdaderamente milagrosa!

¿Cuáles eran las posibilidades reales de atrapar algo luego de toda una noche con sus vigilias de intentarlo una vez tras otra, y hacerlo de tal modo EN UN SOLO INTENTO? ¡No puede haber explicación lógica a esto! Con este modo portentoso Jesús se daba a conocer a Pedro. De palabras y ahora en obras, el experimentado orgulloso pescador de Galilea constataba las palabras de su hermano Andrés: "¡Hemos encontrado al Mesías!" Pedro había oído esa declaración. Por tratarse de su hermano quien lo dijo quizás dio cierto margen de duda ante tal afirmación. Ahora lo veía con sus propios ojos. Estaba frente a él, en su propio bote de hecho.

¿Que iba a responder, o que podría decir?

"¡Wow, Rabí, ¡eres lo máximo! ¿Cómo lo haces? ¿Crees que puedas enseñarme esa técnica? ¿Que tal si nos asociamos, ya sabes, nos vamos 50/50, que dices?"

Viendo esto Simón Pedro, cayó de rodillas ante Jesús, diciendo: Apártate de mi, Señor, porque soy hombre pecador. Lucas 5:8

Ni por un solo instante pasó por la mente del pobre y económicamente necesitado jornalero Galileo el ver a Jesús como la solución a sus problemas financieros, como un socio a quien atraerse a su bando para obtener beneficios. A pesar de que Pedro si tenía intrínsecos deseos de grandeza y reconocimiento (como todos los discípulos de Jesús), en este momento habló la parte más humilde de su corazón, la fibra más profunda y reservada que llevaba silenciosamente todos los días fuera del alcance de los demás. Estaba totalmente expuesto ante el Maestro de Nazaret. Como lo estuvo Moisés. E Isaías. Y Ezequiel. Y Jeremías. Y Daniel. Y el apóstol Juan al término de su vida desterrado en Patmos. Y todos ellos fueron quebrantados, cayeron casi muertos y se humillaron ante Él.

Pedro, al igual que los antiguos profetas, sintió todo el peso de la Santidad de Dios salir de los ojos de Jesús arrojando luz en todos los rincones de su alma de modo vertiginoso y taladrante, corriendo la cortina de su corazón exponiéndolo todo, todo, cada día, cada año, desde su infancia, su juventud, toda su vida hasta ese momento, todo le quedaba al descubierto. Podía sentir Su voz diciéndole: "Yo se quien eres. Conozco tus obras".

Toda la Virtud y Perfección de la Divina Santidad ante la pobreza y miseria del pecado propia de la condición humana frente a frente. Y ahí estaba, el Dios Santo y Verdadero de Todas las Edades, el Anciano de Días hecho a semejanza de hombre no para ejecutar Justicia sobre Pedro, sino para salvarlo, para mostrarle cuanto lo amaba, y compartir con él un lugar en Su futuro Reino, si es que Pedro daba la respuesta correcta. Y lo hizo. Pedro respondió como sus antepasados los profetas y santos que se humillaron de corazón ante Él, y confesaron su miseria. Había comenzado el viaje de transformación para el futuro Apóstol. Y su nueva Encomienda:

...Jesús dijo a Simón: No temas; desde ahora serás pescador de hombres.
Y cuando trajeron a tierra las barcas, dejándolo todo, le siguieron.
Lucas 5:10-11.

A lo largo de los tres años y seis meses del ministerio público de Jesús, los evangelios muestran con frecuencia la relación de éste con su pequeña cátedra de alumnos, los Doce Discípulos. Algunos de ellos ya se conocían entre sí, como el caso de Pedro y su hermano Andrés, Jacobo y Juan, hijos de Zebedeo, pescadores también de oficio y compañeros entre sí, quizás eran miembros de un pequeño gremio de asociados para protegerse entre ellos de otros pescadores intrusos que amenazaran sus escasos dividendos. De este grupo saldría el círculo más íntimo de allegados a Jesús: Pedro, Jacobo y Juan. A éstos se les menciona juntos en tres ocasiones en el evangelio de Marcos; 1) en Marcos 5, la resurrección de la hija de Jairo, 2) Marcos 9, la Transfiguración en el monte, y 3) Marcos 14, en el huerto de Getsemaní. Este evento también los vuelve a juntar en el Evangelio de Mateo capítulo 26.

Sin lugar a duda éste trío era algo especial, y Jesús tuvo Sus razones para juntarlos y escogerlos en las situaciones anteriormente mencionadas. Pero, igualmente sin lugar a duda, de entre éstos tres discípulos (y también de entre todo el resto) Pedro se lleva los reflectores del protagonismo. Hay 67 menciones por lo menos de él en los cuatro evangelios. ¡Casi 17 veces por evangelio aparece su nombre! Detrás de toda escena donde Jesús aparece ahí le seguirá la sombra inseparable de Su apasionado y controversial discípulo.

Era un líder por naturaleza, no hay modo de negarlo. Siempre atento a todo lo que su Maestro hacía, y pronto en advertirlo y preguntar, incluso hasta los límites del desafío ("¡Señor! ¡Si eres Tú, manda que yo también camine sobre las aguas!" Mateo 14:28), Pedro encarna la porción del salmo 123:2: "He aquí, como los ojos de los siervos miran a la mano de sus señores...", no había manera que algo pasara desapercibido para el pescador de Galilea respecto a su Señor.

Su alma había quedado unida a la de Cristo desde aquella pesca milagrosa. Él mismo se convirtió en el primer "pez" en ser atrapado en la red del Divino Maestro. Y no eran solamente las obras milagrosas y portentos que Jesús obraba lo que atraía al apóstol.

Era definitivamente el Mensaje que le escuchaba predicar. El corazón del discípulo seguramente ardía cada vez que Jesús hablaba a las multitudes. Algo en Su Palabra vivificaba y traía sanidad y esperanza a su laboriosa y afanada existencia, probablemente decepcionada de los mensajes vacíos y legalistas de los líderes religiosos de Israel, carentes de integridad moral; fatigado también quizás de falsos autoproclamados "mesías", que eran más bien insurrectos rebeldes agitadores de las masas populares persiguiendo una justicia social sin mayores fundamentos que el hartazgo por la explotación romana; mesías transitorios de humo, muchos de ellos igual de hipócritas que los líderes religiosos, todos pasaban, no dejaban más que un vacío mayor en el alma de los cansados luego de su paso. Jesús era algo diferente. De éste enigmático y desconocido rabino emanaba un poder irresistible para el corazón genuinamente cansado y hambriento: emanaba la VIDA.

Cuando Jesús recrudeció Su mensaje haciéndolo incomprensible y severo para la gran mayoría de los entusiastas seguidores que fueron atraídos principalmente por las señales y abundancia de provisión que Jesús traía consigo, el evangelio de Juan narra que muchos tropezaron con la dureza de la revelación de Cristo, y además amonestados por Él de que ahora en adelante todo el que quisiera seguirlo debía estar en acuerdo con tal revelación, a la ocasión comenzaron a desertar en masa, dejando solo a Jesús con su pequeña cátedra de Doce.

Tan masiva y evidente fue la pérdida de entusiasmo, rechazo y deserción por parte de la gran multitud que venía siguiendo a Jesús, que volteando a Su alrededor y no encontrando más que a éstos, les preguntó: "¿También ustedes quieren irse?" Juan 6:67.

La respuesta quedó a cargo de Pedro. Hablando en nombre de todos, manifestó la fe que brotaba de su propio corazón, y la profunda convicción que los llevaba a no seguir a la defraudada multitud desertora, que los hacía apegarse a este Hombre que, aunque todavía no acababan de entender, los atraía de modo sobrenatural:

Le respondió Simón Pedro: Señor, ¿a quien iremos? Tú tienes PALABRAS DE VIDA ETERNA. Y nosotros hemos creído y conocemos que Tú eres el Cristo, el Hijo del Dios Viviente. Juan 6:68-69.

¡Tremenda convicción y declaración!

Pese a todos sus yerros, sus insuficiencias, su impetuosidad y vacilante personalidad, Pedro era depositario de una fe halitada por el Espíritu de Dios mismo que lo hacía, muy probablemente sin él mismo darse cuenta, decir tales confesiones sobremanera celestiales.

Sin embargo, aún quedaba trabajo por hacer en el carácter del discípulo que llevaría el sobrenombre "Piedra". A pesar de que el Espíritu Santo encontraba cabida en la boca de Pedro, declarando a Jesús como Hijo de Dios, también Satanás hallaba territorio fértil en su mente y alma aún no renovados para poner lazo y tropiezo a Jesús y a los demás también. No disponía Jesús de mucho tiempo para arar el corazón del futuro Apóstol a quien le había confiado la "Llave del Reino de los Cielos", y cuya confesión había revelado quién sería el Fundamento de la Iglesia: CRISTO mismo (Salmo 118:22; 1 Corintios 10:4).

Era una encomienda que trascendía el entendimiento del pescador de Galilea; seguramente ni idea alguna tuvo de lo que Jesús le estaba confiando. ¿Iglesia? ¿Que era eso? Para la mente acostumbrada a las enseñanzas del judaísmo, la idea de una "congregación" o "asamblea" solamente encontraría paralelismo con las sinagogas. Pero viniendo de Jesús, esta palabra tomaba un sentido de dimensiones fuera de toda lógica religiosa convencional.

Jesús agrupaba a todos en Su Sinagoga Espiritual: judíos, samaritanos, romanos, griegos, bárbaros. Conforme se acercaba el fin de Su ministerio, esta realidad saltaba más y más en Sus enseñanzas, y se reflejaba en el modo y forma de Sus Parábolas: el rechazo de parte del pueblo judío a reconocerlo como Mesías, y el traspaso y acogida del Pacto a un Pueblo extranjero.

Esto sin duda confundía enormemente a los discípulos de Cristo, quienes aún no habían abandonado sus deseos e ideas preestablecidas de un reino Mesiánico terrenal, que les asegurara futura gloria y privilegios con Jesús como Rey del restablecido Israel. Las únicas palabras de esta promesa de Jesús a Pedro que seguramente encontraron lógica y ensamblaje en su mente fueron: "las llaves del Reino", "Piedra", "Fundamento", "todo lo que ates en la tierra queda atado en el cielo". Cualquiera que hubiera oído semejantes palabras en tal promesa entendería perfectamente que Pedro sería de una importancia capital y de absoluta preeminencia, no cabría la menor duda. Y así de seguro lo entendió el apóstol. Pero no del modo espiritualmente renovado y correcto en el que debía ser entendido y recibido.

Era una encomienda absolutamente imposible de lograr en el terreno humano no regenerado. Pedro aún no estaba listo. Necesitaba nacer de nuevo espiritualmente y ser investido de Autoridad desde lo Alto. La investidura le vendría sólo hasta el Derramamiento del Espíritu Santo en Pentecostés. El nacer de nuevo era el primer requisito. Y para eso era necesario morir. Simón el hijo de Jonás, el pescador experimentado de Galilea, el que confiaba demasiado en sí mismo, el que trató de disuadir a Jesús por influencia de Satanás para que éste no cumpliera Su misión, el que era valiente y osado en presencia de Jesús, pero que aún dudaba en su corazón y vacilaba cuando perdía de vista a Su Maestro, capaz de caminar sobre las aguas en un momento para luego hundirse en desesperación y miedo al siguiente, el que juró que nunca abandonaría a Cristo aunque tuviera que enfrentar la muerte (Lucas 22:33); ese hombre tenía que morir para que se levantara el verdadero Pedro, como una piedra firme y estable, como testimonio del nacimiento de la Iglesia de Jesucristo, con Pedro abriendo la Puerta del Verdadero Reino de los Cielos, un reino de Corazones quebrantados y renovados en el arrepentimiento y la fe en Cristo, corazones de los cuales el primero sería el de Simón Pedro.

Jesús tenía que preparar a Su discípulo para la Sobrehumana Encomienda y Privilegio que estaba depositando en él.

Nadie mejor que Jesús conocía las tendencias y personalidad del discípulo. ¿Cómo lo preparó? Dejándolo ser quien era. Y dejando a Satanás hacer lo que sabe hacer:

Simón, Simón, mira que Satanás ha pedido zarandearlos a ustedes como si fueran trigo. Pero yo he orado por ti, para que no falle tu fe. Y tú, cuando te hayas vuelto a mí, fortalece a tus hermanos" Señor —respondió Pedro—, estoy dispuesto a ir contigo tanto a la cárcel como a la muerte. "Pedro, te digo que hoy mismo, antes de que cante el gallo, tres veces negarás que me conoces. Lucas 22:31-34

Jesús añade el factor que fue clave para que la serie de sobrenaturales eventos que pronto sucederían, con el Príncipe de las Tinieblas apareciendo en escena, no desmoronaran sobremanera al discípulo hasta aniquilarlo: Su oración. La misericordiosa intercesión de Jesús fue la diferencia en el campo de batalla espiritual donde sólo uno tenía que morir: Simón y su viejo corazón. En la derrota, Pedro, el nuevo hombre con corazón quebrantado, se levantaría victorioso.

Luego de salir del Aposento alto, camino a Getsemaní, la Guerra Espiritual había dado comienzo. Los involucrados: Jesús, Satanás... y Pedro.

1) La Batalla de Getsemaní

Y tomando a Pedro, y a los dos hijos de Zebedeo, comenzó a entristecerse y angustiarse en gran manera. Entonces Jesús les dijo: Mi alma está muy triste, hasta la muerte, quedaos aquí, y velad conmigo. Mateo 26:37-38.

Sintiendo en todo Su Ser la angustia e intensa aflicción que le sobrevendría en cuestión de horas, anticipando la agonía de llevar toda la carga del pecado sobre Sí mismo, Jesús en Su humanidad ruega a su círculo de íntimos lo acompañen unos momentos en vigilia mientras buscaba la fortaleza en comunión con Su Padre. ¡El Eterno encarnado pidiendo a un puñado de miserables humanos lo acompañen unos momentos en Su hora más obscura! ¡Y sabiendo que no podrían ni siquiera velar por una hora! Jesús no privó a Su discípulo a prueba de una oportunidad de resistir el embate de Satanás contra ellos. Pedro pudo fortalecerse junto con su Maestro en esa hora de tentación. Ya había sido advertido de que sobre él se desataría una tempestad de siniestra maldad, y que en contra de todo lo que él podía concebir o imaginarse, en breve negaría a su amado Maestro, para ser contado entre los desertores de la peor categoría. Dentro de poco tiempo todo esto sería una nítida realidad para el pescador de Galilea. El saberlo de antemano poco ayudó a su preparación. Pedro estaba ya en la arena de lucha. Pero él todavía no estaba consciente. Todo era tan abstracto, tan surreal, tan límbico. Pedro pudo ver y muy seguramente sentir la carga de sufrimiento de Jesús. Nunca lo habían visto de ese modo. Ante sus ojos el Poderoso inagotable Rabí siempre lleno de fuerzas y energías contagiosas se colapsaba como un anciano frágil y desfalleciente. Su batalla también había empezado. Era un espectáculo incomprensible para el trío íntimo de Jesús. Un par de horas atrás aún en el Aposento Alto, Jesús les infundía ánimo y les prometía que las Moradas Eternas estaban siendo preparadas para ellos, y que pronto recibirían Poder de lo Alto, y un Consolador para guiarlos cuando Él se hubiera ido. "¿Cómo que Jesús se iría?" "¿A donde? ¿Por qué? ¿No se suponía que Él traería el Reino de Dios? ¿No era Él la Esperanza, la única esperanza que les quedaba a ellos?" Los pensamientos de éstos estaban dispersos, divagantes, confusos. Y ahora ver a su Maestro en tan irreconocible condición atormentada les causó alguna clase de narcosis emocional y espiritual, que los llevó exactamente a no hacer lo que Cristo les pidió que hicieran: velar y orar:

"*Vino luego a Sus discípulos, y los halló durmiendo, y dijo a Pedro: ¿Así que no habéis podido velar conmigo una hora?*" Marcos 14:40

Tres veces Jesús es hallado fortaleciéndose en oración y rindiéndose a la Voluntad de Su Padre. El Santo Cordero de Dios no huye de Su misión. Resiste hasta la sangre la tentación de evitar la Humillación y Muerte que nos resultarían a nosotros en Dignificación y Vida Eterna.

La primera batalla en el Huerto para Jesús ha sido victoriosa. Y lo logró sólo. Puso en Sus discípulos, y principalmente en Pedro, la confianza de compartir juntos parte de la inmensa carga que reposaría sobre Él. Pero fracasaron. Las tres veces que Jesús oraba regresaba a Sus discípulos para encontrarlos dormidos. Sólo una vez les puso sobre aviso, y sobre todo a Pedro, que oraran para no caer en tentación, que no confiaran en sus propias fuerzas. Pero no supieron fortalecerse. Pedro debió estar a la cabeza del grupo, motivado por las palabras de Jesús de permanecer alerta ante la inminente prueba que sabía vendría sobre él. Pero no pudo. Su espíritu seguía dormido. No se percató que mientras dormía Satanás había cebado y preparado sus trampas alrededor de él. No hubo robustecimiento, ni discernimiento, ni preparación. Y la tormenta ya estaba sobre él. Su primera batalla en el Huerto fue un completo desastre: ni siquiera estuvo ahí para darse cuenta de ello.

2) El Arresto de Jesús

Entonces Simón Pedro, que tenía una espada, la desenvainó, e hirió al siervo del sumo sacerdote, y le cortó la oreja derecha. Y el siervo se llamaba Malco. Juan 18:10

Satanás seguía en embestida frontal contra Jesús.

Humanamente decepcionado por la falta de compromiso espiritual de su grupo íntimo, y de Pedro principalmente, ahora enfrenta la traición de Judas y se somete ante la turbulenta comitiva de arresto sin resistencia alguna, antes bien pidiendo que dejaran irse a Sus discípulos. Jesús sigue fortalecido en Su Espíritu sometiéndose a la Voluntad del Padre con absoluta serenidad y confianza. Pedro, finalmente saliendo de su estupor, percatándose de que las palabras de su Maestro eran reales y ante sus ojos se estaban llevando a cabo: su traición, arresto y próximamente su ejecución y muerte, actúa movido por su propia naturaleza reaccionaria e impulsiva, muy seguramente también en un intento de congraciarse con Él ante la patética exhibición de fidelidad mostrada recientemente en la velada en el huerto.

Pero sólo hace las cosas más difíciles y se pone en peligro a si mismo y a los demás en un envalentonado esfuerzo de evitar el arresto de Jesús. Pedro seguramente quiso decapitar a Malco. Más éste en un reflejo afortunado logra esquivar el ataque mortal, pero a costa de perder su oreja derecha. Providencialmente Pedro se libra de un homicidio que le hubiera costado la vida, echando por tierra la Encomienda que Jesús le había dado de ser la Piedra donde naciera Su Iglesia. De no haber sido por la intervención del Señor, sanando a Malco de su herida, los soldados y guardianes del templo a cargo del arresto hubieran linchado a Pedro en segundos. Dios sigue en control de las circunstancias. Pese a Pedro, el Divino Plan continúa en marcha. Ningún apóstol es perdido, todos son preservados (Juan 18:9: "De los que me diste, no perdí a ninguno"), Jesús sigue Su camino al Calvario, y Pedro sigue en camino a la muerte de su autoconfianza, de su viejo hombre, para su renacimiento espiritual. Ya comienza a darse cuenta de que la batalla está en progreso y que está en severa desventaja. Su Maestro ha sido tomado. Los demás discípulos se han dispersado. Está solo. La obscuridad se cierne profundamente alrededor, penetrando el alma y el entendimiento del apóstol. Ha perdido ya dos batallas. No pudo estar en vigilia con su Maestro ni tampoco impedir que se lo llevaran. La descarga de adrenalina producto de la escaramuza que él causó tratando de evitar el arresto de Jesús todavía hace latir con fuerza su corazón.

No existe la posibilidad de detenerse a meditar y orar por sabiduría y dirección. Un sistema fisiológico en modo lucha/escape con toda la descarga hormonal de estrés al 100% difícilmente se contrarresta o vuelve a niveles basales de autocontrol a la brevedad. Tiene que pasar un tiempo para que cedan los efectos neurohumorales de auto preservación. Pedro está sintiendo todos estos impulsos en su ser. Y no tiene a Jesús para darle dirección. Procede pues a ser quien él es. Procede a seguir el curso de su naturaleza y de su tradicional forma de pensar. Bajo los influjos de los neurotransmisores excitatorios, decide seguir a Jesús.

Las trampas de Satanás han sido todo un éxito. Pedro ha caído en todas.

3) La batalla ante el Sanedrín/patio del Sumo Sacerdote

Entonces la compañía de soldados, el tribuno y los alguaciles de los judíos prendieron a Jesús y le ataron, y lo llevaron primeramente a Anás; porque era suegro de Caifás, que era sumo sacerdote aquel año. Juan 18:12-13

Arreciaba la guerra espiritual para Jesús. Tenía ahora que comparecer ante las autoridades religiosas judías. Eran las primeras horas de la madrugada, vísperas de Pascua. El Cordero de Dios estaba en preparación para el sacrificio. El evento profético más esperado por Israel (y por todo el mundo) estaba por fin sucediendo. Más de una docena de profecías mesiánicas se llevaban a cabo una tras otra en cuestión de horas. Todas envueltas en macabras sombras de diabólica hostilidad: traición, rechazo, negación, vejación, juicio fraudulento, burla, escarnio, difamación. Obscura lista de oprobiosos abusos, cayendo sucesivamente ante el rostro de Cristo, lo mismo que bofetadas y escupitajos.

¡Cómo se fortalecería internamente en esos momentos tan cataclísmicos el Divino Salvador del Universo!?

Isaías escribió exclamando la misma voz del Mesías: "Di mi cuerpo a los heridores, y mis mejillas a los que me mesaban la barba; no escondí mi rostro de injurias y de esputos. Porque Jehová el Señor me ayudará, por tanto, no me avergoncé; por eso puse mi rostro como un pedernal, y SE QUE NO SERE AVERGONZADO" (Isaías 50:6-7). Jesús declaraba Su intensa lucha de esa noche 600 años antes de que sucediera. Su Palabra misma era Su Fortaleza. Ni injurias, ni esputos, ni bofetadas, ni falsos testigos, ni el rechazo de quienes debieron reconocerlo, ni nada pudo quebrar a Jesús esa noche. Su Rostro fue una verdadera Piedra que soportó el doloroso cumplimiento de esas profecías. Sabiendo que en nada sería avergonzado, ante la mórbida interrogación de Caifás preguntándole si Él era el Hijo de Dios, y sabiendo que con Su respuesta sellaba Su sentencia de muerte, Cristo respondió: "Yo Soy; y veréis al Hijo del Hombre sentado a la diestra del Poder de Dios, y viniendo en las nubes del cielo" (Marcos 14:62).

El Sanedrín dio su nefasto veredicto y unánimes condenaron a Jesús...a Su Victoria. Satanás empezaba a caer más y más derrotado ante Él. Hubiera deseado que se acobardara y que prefiriera librarse de tan infamante e injusto trato. Así nuestra redención nunca sucedería y seríamos para siempre sus esclavos, muertos ante Dios en pago por nuestros pecados. Pero Jesús no quiso. Se negó a dejarnos cautivos en la obscuridad. El Cordero Santo de Dios, especiado y condimentando en las amargas hierbas de aflicción (Éxodo 12:8) iba camino al horno de fuego.

Pedro se encontraba en esos momentos en el patio del Sumo Sacerdote. Quizás era un patio grande, compartido por Anás y Caifás, puesto que sus casas estaban una junto a otra. Con ayuda de su amigo y discípulo también de Jesús, Juan, Pedro logró el acceso a este lugar, ya que el mismo Juan en su evangelio menciona que él era conocido del sumo sacerdote. Pedro ha empezado a desacelerar su galopante ritmo de descarga adrenérgica. Se encuentra ahora en modo de auto preservación con "bajo perfil". Sabe que se está metiendo en terreno pantanoso con mucha arena movediza alrededor. Ya no tiene el apoyo de Jesús ni de los demás discípulos.

Una cosa que hay que encomiarle a Pedro es que se resistió a huir como los demás, y aún a sabiendas de que corría peligro, fue en búsqueda de Jesús. Algo ponderable, no cabe duda. Pero muy al estilo Pedro: impetuoso y con exceso de confianza. Temerario es la expresión. No había acabado aún de entender la clase de lucha en la que tanto él como su Maestro se encontraban. Así como no entendió el acto simbólico de Jesús cuando se humilló lavando los pies de todos Sus discípulos, y de inicio se ofendió y se negó a ser servido por su Rabí, así ahora se encontraba fútilmente "luchando" en una batalla que aún no podía discernir. Tantas situaciones similares vivió el pescador de Galilea en esos breves tres años y medio junto a su Maestro. Ver las cosas más asombrosas y no poder entenderlas. Ser anunciado del plan salvífico para la humanidad, y negarse a aceptarlo.

Todos estos recuerdos que pasaron por la confundida mente del discípulo fueron de pronto congelados de golpe por la simple pregunta de una doncella:"¿No eres tú también de los discípulos de este hombre?" (Juan 18:17). La portera, quien dejó pasar primero a Juan, luego de que éste volvió y le hizo señas a Pedro de que entrara al patio, guiada por una curiosidad alentada por Satanás lanzó la interrogante a Pedro mientras pasaba. Seguramente sintió ese estremecimiento frío que corre por toda la espalda cuando alguien es de súbito pillada *in fraganti*. Su estrategia de auto preservación con "bajo perfil" ha sido un fracaso. Ha sido descubierto. Sin embargo, se adhiere aún a ella, pero ahora recurre al modo "niégalo todo, aunque sea evidente". El modo "hacerse el loco o desentendido" al cual recurrió David cuando tuvo la insólita idea de refugiarse en tierra de los filisteos huyendo de Saúl (1 Samuel 21:10-15), y al verse descubierto por éstos se fingió como tarado mental para ahuyentar sospechas, o no le vino a la mente a Pedro en esos momentos, o ya era demasiado tarde...o no quiso hacer el ridículo. Como haya sido, la pregunta de la doncella era tan frontal y sin tapujos que no quedaba más remedio que contestarla de forma rotunda y clara, tratando además de salirse del anzuelo lanzado:

No lo soy. Juan 18:17

No hay modo de saber exactamente que pasó por la mente del apóstol al declarar tal mentira. Es posible que ni siquiera tuvo tiempo de razonar su respuesta. Todo había sucedido en instantes. Quizás en forma automática racionalizó y auto justificó su negación pensando: "tengo que estar aquí, no puedo echarme para atrás ahora, debo mostrar que no soy cobarde, por eso mejor de momento niego ser discípulo"...

"...soy creyente, pero no quiero que piensen que soy un fanático..."

"...podré tener oportunidad de ganar más almas si me muestro menos estricto y rígido en mis convicciones. Después de todo, Dios es amor, ¿no? ..."

“...quisiera salir con esa/e chica/o, pero no es creyente; tal vez Dios lo/la pone en mi camino para que la/lo convierta a Él...?”

“...mi jefe no le da "like" a ninguna de mis publicaciones cristianas, y yo quiero un aumento en mi trabajo; ¿tal vez debo publicar cosas mas “espirituales” que no mencionen tanto a Cristo...?"

...sí Pedro. Muchos de nosotros pensamos alguna vez lo mismo. O algo parecido. Te entendemos. Pero la verdad es que HEMOS NEGADO SER DISCIPULOS DE JESUS, y no hay razón alguna que nos justifique.

La noche avanzaba. Hacía frío. Los criados y algunos alguaciles del Templo hacían guardia en el patio. Habían encendido un fuego para calentarse y muchos se sentaron alrededor (Lucas 22:55). Pedro también. Debió hacer un frío de lo más intenso para orillar a Pedro a arriesgar su ya debilitada posición de incógnito, e ir a meterse justo en lo más denso de la atención. Y con las llamas de fuego arrojando luz y claridad sobre los rostros congregados en su entorno.

¿Estaba Pedro consciente de eso? ¿O pensó acaso que su mejor disfraz sería el no ocultarse, que llamaría menos la atención si se mezclaba entre el populacho? Quizás; no es mala estrategia, funciona a veces. Pero esa noche todo lo que Pedro intentara hacer estaba destinado a fracasar. Estaba exactamente donde Satanás lo quería tener, mordiendo anzuelo tras anzuelo. Aunque Pedro hubiera subido a la azotea para ocultarse, su cita con el Enemigo del Alma estaba ya arreglada, y un gato que lo hiciera tropezar, un destello luminoso en el cielo, un repentino calambre que lo hiciera gritar, o cualquier otra insólita o descabellada situación lo iban a poner al descubierto. Toda resistencia sería inútil. Cerca de una hora después de que la criada lo interrogara, la turba alrededor del fuego comenzó quizás a aburrirse, o ya gastados todos los chismes más recientes, buscaron algo nuevo con que entretenerse. Todos los rostros eran familiares, excepto uno. Y no hacía nada para ocultarse:

Estaba, pues, Pedro en pie, calentándose. Y le dijeron: ¿No eres tú de sus discípulos? El lo negó, y dijo: No lo soy. Juan 18:25.

Estando de pie frente a todos, Pedro se volvió un blanco de atracción para los congregados. El tema de esos momentos era muy seguramente Jesús y su comparecencia ante el Sanedrín. No gozaba nuestro Señor de la mejor reputación en esos momentos, y mucho menos en ese lugar. Era territorio hostil, propiedad de los líderes religiosos que tanto odio ventilaban hacia Su persona y que en esos precisos instantes lo descargaban libremente sobre Él. Era una atmósfera saturada de invisibles espíritus demoníacos operando a puerta abierta en cada esquina. Quienquiera que haya estado de guardia esa noche en el patio del sumo sacerdote no le debía ninguna fidelidad ni lealtad a Cristo. A lo más para ellos no era más que un milagrero autoproclamado mesías que no cumplió las expectativas mundanas de los Ancianos y Fariseos, y que en breve sería condenado a muerte.

No había ninguna deferencia ni buena voluntad hacia Jesús en ese lugar. Sus lealtades y deferencias estaban hacia los líderes religiosos, si acaso. Jesús era objeto del más diabólico odio en esa noche y en ese lugar. Y Sus discípulos no estaban exentos tampoco. Pedro lo empezó a sentir en serio. Con toda seguridad las expresiones hacia Jesús se tornaron virulentas y maledicentes. El discípulo se dio cuenta que estaba en la mira de los lobos. Y se cerraban más sobre él. Alguien lo había notado. Adiós cualquier intento de "bajo perfil". Todos los ojos de los congregados alrededor de la fogata se clavaron en él.

No sabemos si Pedro conservaba aún su espada. Lo cierto es que se encontraba arrinconado y en severa desventaja anímica y espiritual. Sin mencionar numérica. Aún si hubiera tenido su espada, el carácter de Pedro estaba resquebrajándose cada vez más; la osadía que mostró en el Huerto fue quizás alentada por la presencia de Jesús, y fue realmente por Él gracias a quien pudo Pedro salir en una pieza; más ahora estaba absolutamente solo.

Juan tampoco estaba ahí. Sacar la espada estaba fuera de toda opción en el modo de auto preservación en el que se encontraba ahora. "Niégalo todo, Pedro. No hay más alternativa. Te va a ir muy mal si lo reconoces." Y así lo hizo. Por segunda vez. Y bajo juramento:

Pero él negó otra vez con juramento: No conozco al hombre. Mateo 26:72

Presa de una angustia de muerte e inminente persecución si se atrevía a pronunciarse seguidor de Jesús, Pedro recurre al juramento para interponer confianza y veracidad que le libraran de sus acusadores. Solo que éste juramento ponía a Dios como testigo.

No se puede saber si estuvo 100% consciente de lo que estaba juramentando, pero se estaba acarreando una condenación a su espíritu al deshonrar el III Mandamiento de la Ley: "No tomarás el nombre de Jehová tu Dios en vano, porque no dará por inocente Jehová al que tomare Su nombre en vano" Éxodo 20:7.

Si se comprobaba que lo que se juramentaba ante Dios era falso, tal persona era condenada a morir apedreada por blasfemia. En su afán de escapar del escrutinio de los hombres ahí reunidos, Pedro reunía más y más cantidad de piedras que caerían sobre él en breves momentos como una incesante lluvia de auto condenación a su conciencia. El discípulo amigo de Jesús se desdibujaba del escenario más y más. Su alma estaba muy lejos de aquella cálida comunión que disfrutó tiempo atrás con su amado Maestro. Todo se caía a pedazos dentro del pescador de Galilea. En una noche todo se volvió obscuridad para él. Toda certeza se esfumó. Estaba solo ante una comitiva de almas espectrales que lo tenían acorralado. Dentro de la casa de Anás, Jesús era escarnecido y abusado sin misericordia. Faltaba el juicio ante Caifás. Tenían que pasar de una casa a otra a través del patio donde se encontraba Pedro y su juicio particular. En cualquier momento pasarían por ahí. Pedro estaba irreconocible. Como una fiera herida y asediada por sus captores se revolvía intentando escapar.

Su estrategia blasfema de negar con juramento no funcionó. Los hombres alrededor de él no le quitaron los ojos de encima. Ni los oídos tampoco:

Un poco después, acercándose los que por allí estaban, dijeron a Pedro: Verdaderamente tu también eres de ellos, porque aún tu manera de hablar te descubre. Mateo 26:73

No hubo respiro alguno para Pedro. Evidenciado ya en dos ocasiones en su aspecto y apariencia, ahora hasta en su forma de hablar encontraron forma de hostigarlo y coparlo. Afinando los oídos de los ahí presentes, Satanás lanzó su último anzuelo envenenado contra Pedro. Ya no quedaba nada del osado, temerario e impulsivo discípulo. Era un moribundo pez arrastrado por la corriente de la adversidad fraguada en su contra. Había mordido todos los anzuelos emponzoñados. Había tratado de resistir con fuerzas propias. Su batería espiritual ya estaba vacante de toda energía piadosa.

Debilitado hasta sus cimientos, Pedro recibió la zarandeada de Satanás sin resistencia. Ahora solo le quedaba pronunciar sus últimas palabras previas a su muerte, sellando él mismo su propia tumba con ellas:

Entonces, él comenzó a maldecir y a jurar: No conozco a este hombre de quien habláis. Marcos 14:71

...y en seguida, mientras él todavía hablaba, el gallo cantó. Entonces, vuelto el Señor, miró a Pedro... Lucas 22:60-61.

En un instante todo fue cumplido. Pedro negaba públicamente por tercera vez a Jesús aumentando su condenación al añadir maldición a su falso juramento. Estaba ya en el patíbulo de su ejecución. Y la primera piedra vino de Dios Mismo: Jesús en ese momento era llevado ante Caifás, pasando por el patio donde todo esto sucedía. Su rostro se encontró con el de Pedro. Ambos estaban desfigurados por las batallas. El rostro de Jesús por los puñetazos, las bofetadas, los escupitajos, el escarnio. El de Pedro por su absoluta bancarrota espiritual, por la vergüenza y el fracaso.

Jesús iba camino a Su muerte, Pedro ya estaba muriendo. Los ojos de su amado Maestro cayeron sobre él como la piedra más pesada que le rompía el corazón en incontables pedazos. Nuevamente se encontraba expuesto y evidenciado como aquella vez en el bote el día de la pesca milagrosa. El Anciano de Días, El Eterno y Santo de Todas las Edades hecho a semejanza de hombre, golpeado y humillado, no le tomó en cuenta a Su amado discípulo las horribles blasfemias y maldiciones con las que lo había vituperado, con las que él mismo se había hecho reo de muerte. Con esa mirada todo le quedó claro a Pedro: "Es por esto por lo que no puedes seguirme ahora, Pedro. No es para ti. Esto es Mío. Te amo y te perdono. Te veo cuando los dos hayamos resucitado."

Pedro, saliendo, lloró amargamente. Lucas 22:62

La piedra de Jesús lanzada a su discípulo fue una Piedra de Misericordia que mató para siempre su autoconfianza, su orgullo y todo lo que lo hacía inservible para su futura encomienda. Mató al Simón hijo de Jonás pescador de Galilea. La lluvia de piedras que ahora caían sobre el cadáver de su hombre viejo, lanzadas por Satanás a través de la conciencia culposa de Simón solo sirvieron para terminar de enterrarlo y ponerlo en su tumba para no volverse a levantar. Pedro, el Apóstol, la piedra firme y estable en la Roca de Cristo, dispuesto a comenzar la Época de la Iglesia y de la Gracia, ya estaba en camino de resurrección.

4) La resurrección de Cristo y la restauración de Pedro

Pero vayan, digan a Sus discípulos, y a Pedro, que Él va delante de ustedes a Galilea. Allí lo verán, como les dijo. Marcos 16:7

Tres días después de la muerte del Señor Jesús pasaron, y fueron las mujeres piadosas que lo siguieron y sirvieron durante Su ministerio las que fueron osadas y llenas de amor por Él, menospreciando las burlas y los riesgos que acarreaban ser leales a quien era ahora motivo de vergüenza y odio nacional, fueron las que recibieron la noticia más importante que el mundo ha recibido hasta ahora, las que testificaron el evento que algún día todos contemplaremos: Jesús venció a la muerte, y está Vivo.

Por anuncio de los ángeles y luego por presencia de Jesús mismo, María Magdalena, María madre de Jacobo, y Salomé, se convirtieron en las primeras evangelistas de la historia.

¡De ir camino a ungir el cadáver de Jesús a llevar ahora las buenas nuevas del Evangelio hay una eternidad de diferencia! De llevar especies y óleos funerarios a traer de vuelta el Óleo de Júbilo de la Resurrección es un vuelco total a una historia que había tenido tan trágico y desalentador final.

Dios restituía con creces la imagen de nuestra madre Eva, quien con su desobediencia y caída incitó a que el pecado se propagara a la humanidad, ahora esa triste e infausta imagen de derrota era reemplazada por el amor y obediencia de estas mujeres, fieles hasta en la muerte, convertidas en instrumento de propagación de la Gracia y del Poder infinito de Jesús sobre el pecado y la muerte. Y los primeros evangelizados son aquellos que deberían haber estado ya celebrando gozosos el cumplimiento de las promesas de resurrección de su Maestro, quien les había anticipado todas estas maravillas desde hacía al menos 2 años. O cuando menos debieron haber acompañado a las mujeres en su tarea de ungir el cuerpo de su querido Rabí, para mover la piedra del sepulcro y llorar con ellas el último adiós a tan especial persona que tocó sus vidas profundamente. Pero ni siquiera eso. Atemorizados y en desolación absoluta producto de su incredulidad y falta de fe, los discípulos se encontraban ocultos en algún lugar, temiendo lo peor y sin esperanzas. No se sabe si Pedro se encontraba junto con ellos. La encomienda del ángel parece ambigua, mencionando a los discípulos y a Pedro, como dos entidades aparte.

Tal vez Pedro, aún sumergido en vergüenza y en culpabilidad, se había apartado del grupo de los 10 (Judas ya se había ido a su lugar) para llorar en soledad toda su miseria.

No es raro que la etapa de duelo interno sea acompañada de un deseo de aislamiento. Elías lo vivió intensamente luego de ver quebradas sus ilusiones de que Acab y Jezabel se arrepintieran de sus pecados después de la gloriosa demostración del poder de Jehová en el monte Carmelo; presa de su sentimiento de fracaso, amedrentado por la amenaza de Jezabel, el gran profeta del Altísimo huía a la soledad del desierto (1 Reyes 19:3-4), deseando incluso la muerte. Pedro sintió todo eso, no cabe duda. Y más aún. Ante sí mismo era el peor desertor. Sus palabras y promesas de fidelidad habían sido probadas y halladas falsas. Su valor ante el peligro se había quebrado y palidecido ante la mínima amenaza. El amor por su Maestro se había derrumbado. Junto con todas las ilusiones y esperanzas que abrigó de estar finalmente ante la Promesa de Israel. De estar rodeado de la Gloria del Eterno, junto a Moisés y el mismo Elías, testificando que Jesús era el Hijo de Dios, a estar en la absoluta miseria moral y cárcel de auto condenación, era un escenario demencial, algo que ninguna mente puede soportar sin volverse a la locura; no hay forma de conciliar dos realidades abismalmente antagónicas. Judas no lo soportó. Y eso que no vio lo que Pedro vio. Aún así, la carga del peso de su conciencia, aumentada a volúmenes enfermizamente obsesivos por los susurros diabólicos de Satanás, terminaron por matar todo vestigio de fe y esperanza que pudo haber alguna vez habitado en Judas, llevándolo a cometer suicidio (Hechos 1:16-18). Pedro pudo tener el mismo destino. Pero la misericordiosa oración de Jesús, Su intercesión ante Dios Padre previo a la dura prueba que tendría que atravesar hizo la diferencia. Jesús abogó de modo especial por Su discípulo, blindándolo en su cordura y dándole una pequeña llamita de fe y esperanza que no sucumbiera ante el vendaval de maldad del Enemigo. Jesús tenía planes para Pedro. Simón era quien debía morir, y ya era historia. Pero el discípulo aún vagaba como fantasma. Necesitaba aterrizar en su nueva realidad. Es también posible que Pedro se encontrara junto con los demás discípulos, pero su condición fantasmal lo volvían prácticamente invisible y lejano al grupo, como si realmente no estuviera ahí. Cual haya sido la situación, la noticia debía ser comunicada a todos a la brevedad. Cristo los estaba esperando en Galilea. Donde todo comenzó. Especialmente para Pedro.

Si alguien necesitaba un nuevo comenzar en esos momentos era Pedro. Y Jesús lo sabía. Su solicitud de "luego de que hayas vuelto, confirma a tus hermanos" (Lucas 22:31), era la señal de poner manos a la obra. Pedro tenía la encomienda de reforzar las palabras y testimonio de las mujeres, ya sea que recibiera las noticias de la Resurrección en privado, o grupalmente, de él dependía desprenderse de su mortaja fúnebre y por la fe que ahora avivaba esa lánguida llamita de esperanza dentro de él, debía alentar a sus hermanos discípulos a creer, A CREER. El evangelio de Juan narra la maratónica carrera que emprendieron Juan y Pedro rumbo al sepulcro de Jesús (Juan 20:4). Pedro entró de lleno hasta el interior de la tumba. Vio los lienzos y el sudario que habían estado en el cuerpo de Jesús puestos en otro lado. Era una tumba desocupada, vacante. Ahí no había nada. Pedro simbólicamente salió de esa tumba resucitado también. Su alma le había vuelto al cuerpo. Era ya un ser nacido de nuevo, espiritualmente dispuesto a proclamar el Evangelio completo. Jesús Resucitado lo estaba esperando, donde todo comenzó. Era necesario restaurar y recalibrar a su recién nacido apóstol Pedro.

Restauración de Pedro

Simón Pedro les dijo: "Voy a pescar". Ellos le dijeron: "Vamos nosotros también contigo. Fueron, y entraron en una barca; y aquella noche no pescaron nada. (Juan 21:3)

Dos apariciones de Nuestro Señor Resucitado a Sus discípulos se narran en el evangelio de Juan; una el mismo día de la resurrección (Juan 20:19), y otros ocho días después (Juan 20:26). Estas sucedieron mientras aún estaban en Jerusalén. No hay muchos detalles de lo que Jesús haya podido hablar con ellos en esos encuentros, solo que en el primero les reprochó su incredulidad y dureza de corazón por no haber creído a los que le habían visto resucitado (Marcos 16:14), soplar sobre ellos para recibir el Espíritu Santo (Juan 20:22), para luego abrirles el entendimiento de las Escrituras (Lucas 24:45), a fin de que todos nacieran de nuevo en el espíritu, y terminaran de enterrar sus viejas naturalezas incrédulas, preparándolos para la Gran Encomienda de ir a predicar el Evangelio a todo el mundo.

El tiempo para la partida de Jesús a ser recibido en Gloria a los Cielos estaba ya a la puerta. Necesitaba terminar de aleccionar a los que serían en breve Sus Apóstoles. Todos habían fracasado. Nadie creyó como debieron creer, nadie se quedó a compartir la suerte de su Maestro. Todos estaban acobardados y desanimados hasta el extremo luego de la muerte de Cristo.

Necesitaban ese influjo Sobrenatural de Aliento de Vida para recomponer sus averiadas brújulas espirituales. Por un momento hay que tratar de ponerse en el lugar de esos confundidos hombres sencillos, que habían dejado todo por seguir a un misterioso Rabino, lleno de Poder en Palabra y Obra, que se había manifestado a ellos como el Salvador de Israel: de una entrada triunfal a Jerusalén a una muerte vergonzosa hay infinita diferencia. Muerto su Maestro también murieron sus esperanzas y todas sus certezas. Dentro de poco también ellos serían víctima de la misma suerte de su Señor, o al menos serían tenidos por parias de la nación, alienados a toda buena voluntad, recordados como tontos fracasados, engañados por "uno de tantos" autoproclamados Mesías. ¿Y que de su vida espiritual? ¿Volver a las sinagogas, bajo el liderazgo de aquellos escribas, fariseos y rabinos a quien Jesús criticó y juzgó tan duramente de hipocresía? ¿Celebrar la Pascua y las demás fiestas en Jerusalén, bajo la condenante mirada de los sacerdotes y ancianos exhibidos como pastores fraudulentos hijos de Satanás? La vida de esos hombres se había acabado como alguna vez la conocieron. Una realidad durísima les esperaba. Lo más probable es que hubieran tenido que expatriarse a otras naciones, avergonzados y huyendo de muy potenciales persecuciones, buscando en el anonimato un nuevo comenzar. Pero, Jesús cambió todo eso. Con Su manifestación en cuerpo glorificado de Resurrección, les devolvió la esperanza y la vida a esos hombres que, aunque con fe quebradiza y vacilante, habían confiado en Sus promesas.

No creo que Jesús haya requerido de muchas palabras para alentar de nuevo a Sus discípulos; con Su Presencia Resucitada bastaba. Esos hombres estaban ya motivados para ir a cambiar el mundo. Lo que presenciaron en esos encuentros con Cristo Resucitado los cambió para siempre. Eran material Evangelístico en ebullición. Pero necesitaban dirección y liderazgo. Y Poder. El Poder les vendría en Pentecostés con la investidura del Espíritu Santo. La dirección también, pues Jesús mismo se los había anticipado (Juan 14:26). El liderazgo era ahora el problema puesto que Jesús se iría de ellos.

¿Quien ocuparía ese referente de autoridad en las etapas iniciales de la Iglesia? Jesús no se iría a ningún lado sin dejar esa autoridad visible. Y en Galilea dejaría resuelto ese "problema".

Después de la segunda aparición de Jesús a Sus discípulos, el escenario cambia de Jerusalén al mar de Galilea. Ese era el hogar de una gran parte de ellos, de Juan y Jacobo, de Natanael, de Tomás, quizás también de Levi o Mateo, de Andrés...y de Pedro. El evangelio de Juan de hecho narra éste encuentro de Jesús solo con siete de los apóstoles. El núcleo principal de ellos provenía sin duda alguna de esa región. Y ahí fueron, por orden de Jesús, a esperarlo. Pedro estaba en casa. Volver a sentir la brisa del mar, oler la salinidad en el aire, el aroma a pescado fresco, la arena entre sus pies, el ambiente de tantos recuerdos de sus glorias pasadas como pescador experimentado en el mar de Tiberíades debió golpear profundo en el alma del recién nacido Apóstol. Acababa de ser llevado de una realidad incierta a un mundo infinito de esperanza y certeza. Se encontraba en un limbo nuevamente, en una transición de eternidad hacia un umbral desconocido, pero que, al igual que la primera vez, fue seducido en todo su ser. Simón el hijo de Jonás, el pescador de Galilea había muerto, más su recuerdo estaba aún pegado al alma de Pedro, el naciente Apóstol. Y ahora rodeado del entorno plagado de memorias del pasado, agitaba de nuevo el afligido corazón del apasionado discípulo de Cristo.

Todo ese cúmulo de recuerdos, emociones, combinados con los dolorosos momentos que tuvo que afrontar para morir a su viejo hombre, se agolpaban en la mente del discípulo. Ansiaba encontrarse de nuevo con su Maestro para que le dijera que hacer. Y, para saber si acaso todavía entraba en Sus planes como discípulo. Estaba agitado. Impaciente. Y zarandeado aún. Su nacer de nuevo había sido tan traumático y violento. Era una herida que debía aprender a llevar, que lo marcaría para siempre como la cojera que Jesús mismo en Persona del Ángel de Jehová infringió a Jacob en Peniel (Génesis 32:25), para cambiarle su nombre a Israel, haciéndolo nacer de nuevo. Puede decirse que Pedro "cojearía" hasta el día de su muerte dependiendo enteramente de Jesús como su apoyo.

En su impaciencia esperando a Jesús, con un deseo ardiente de saber que sucedería con él, y deseando hacer algo cierto de su actual situación, Pedro debió pensar: "como discípulo he probado ser un fracaso, no sé si mi Señor aún me considere en Sus planes. Pero una cosa sí se hacer: ¡puedo Pescar!"

Motivado por el tan familiar entorno del mar de Galilea, se logra hacer de un bote pesquero y equipo de pesca, para lanzarse a la deriva en búsqueda de algún sentido de importancia, de seguridad, de autoconfianza...y quizás de algunos peces también. No importa. Pedro ha decidido poner manos a la obra en lo que cree tener algún control. Su "entusiasmo" logra contagiar al resto de los discípulos, la mayoría también pescadores, quienes siguen a quien sería su futuro referente y guía. Pedro, descalibrado aún en su brújula espiritual, sigue siendo un líder, no obstante.

En paradoja con la situación de avivamiento espiritual en el que se encontraban los discípulos, donde con la Resurrección de Jesús todo parecía volver a ser posible, donde renacían de nuevo las esperanzas y hasta otra pesca milagrosa quizás se rumoró entre ellos que sucedería esa vez, se topan con un resultado completamente adverso: no lograron pescar nada toda la noche. Ahí iba su avivamiento. Y la autoconfianza de Pedro; tan vacía e incierta como las redes que echaban vez tras vez en fútiles intentos.

¿Sería posible que hasta en eso, en lo que fue el modo de vida de muchos de ellos (especialmente de Pedro) se transmitiera su sensación de fracaso e incapacidad? De cierto, no sería la primera vez que se fueran toda una noche sin pescar nada, lo más seguro es que ya les había pasado muchas ocasiones antes. Pero las circunstancias presentes hacían sentir ésta "ventura" como un rotundo inesperado fracaso. Especialmente para Pedro. Deseaba volver a sentir algo de certeza, de seguridad y confianza. Su quebrantado ego había sufrido una humillante muerte que se llevó toda la autoestima que tenía como epitafio en la tumba de Simón el pescador. Su primera incursión como recién nacido espiritual la había basado en lo que creía tener todavía control y predicción certera: pescar.

A diferencia de lo que Jesús decidiría de él, sobre lo cual tenía cero control ni mucho menos predicción. Necesitaba dirección. Y consuelo. Ya viene en camino, Pedro:

Hijitos, ¿tenéis algo de comer? Le respondieron: "No". Juan: 21:5

Jesús aparece en escena de pronto, tan repentinamente como el alba que sorprendió a los discípulos todavía a la deriva en el bote, sin peces, sin nada que comer...y sin dirección. Pedro no pudo cumplir las expectativas de otra pesca milagrosa, añadiendo más a su ya sacudida autoestima. Jesús suena algo, o más bien, bastante condescendiente con Sus discípulos al llamarlos "hijitos". Y claro que sabía que no tenían absolutamente nada para comer, y que su humor y estado anímico no estaban ya en niveles de avivamiento. No es que haya querido provocarlos, desde luego (¡o eso espero yo!), sino más bien fue un código oculto que traducido leyera: "Mis pequeños amados, ¿que hacen en ese bote? ¿Todavía quieren tener certeza y seguridad en lo que alguna vez supieron hacer? Su certeza y seguridad ahora soy Yo. Y todo lo que quieran intentar hacer fuera de Mí y sin Mi dirección no les saldrá bien, incluyendo lo que creen poder hacer por ustedes mismos. ¿Dudas? Les demostraré:"

Él les dijo: Echad la red a la derecha de la barca, y hallareis. Entonces la echaron, y ya no la podían sacar, por la gran cantidad de peces. Juan 21:6

Sin saber porqué, aquél "desconocido" que les hablaba desde la orilla en términos tan irritantemente familiares y que además parecía preciarse en saber más de tácticas pesqueras que ellos, motiva al desmotivado grupo con su desmotivado líder a obedecer tan raras indicaciones. ¿Un intento más? ¿Y a la derecha? Derecha, izquierda, norte, sur... ¡que más da! Toda una noche echando la red a todas direcciones, y nada.

Pero, justo como en la Pesca Milagrosa, Pedro, casi hipnotizado por el sencillo comando de la voz de Jesús, obedece. Y sucede. ¡Una vez más! ¡Otra pesca Milagrosa! ¡Sí! ¡Esto es un milagro! ¡Ojalá, Jesús estuviera aquí para…eh, un segundo, ¿quien es este hombre? ¿No es acaso...?

Entonces, aquel discípulo a quien Jesús amaba dijo a Pedro: ¡Es el Señor! Simón Pedro cuando oyó que era el Señor, se ciñó la ropa (porque se había despojado de ella) y se echó al mar. Juan 21:7

Se necesitó de una mente menos cargada emocionalmente y menos auto conmiserativa y auto-enjuiciada como la de Juan para reconocer a Jesús en ese momento. Pedro debió ser quien lo reconociera luego de ese insólito milagro. Deseaba tanto que su Maestro llegara que tal parece que el deseo y la añoranza (además de toda la carga emotiva que llevaba) sobrecargaron la percepción del apóstol y eludió la manifestación que tanto esperaba. Lo bueno es que su buen amigo Juan estaba ahí, y tan pronto se cercioró de que era realmente Jesús, sin pensarlo se lanza al mar, dejando a sus compañeros con la pesada tarea de manejar la pletórica red, nadando al encuentro de su Señor.

Muchos juzgan a Pedro de impulsivo e impaciente al dejar sin ayuda a los discípulos. Aquella primera vez de la pesca milagrosa se requirió de dos barcas para poder soportar y manejar la descomunal cantidad de peces. Ahora eran solo seis discípulos en el bote con Pedro dejándolos atrás.

Para alguien tan necesitado de certeza, de guianza, de dirección y de perdón como Pedro, una Pesca Milagrosa parte 2 era lo de menos. Su alma estaba tan anhelante y sedienta de Aquél quien se había vuelto TODO para él. Toda su vida dependía de Jesús. Pedro nadó en las aguas del mar de Tiberíades tan velozmente como nunca en su vida. En el camino a la orilla a encontrarse con Jesús iba naciendo otra vez "de agua y del Espíritu".

No se describe en el evangelio de Juan ni en ningún otro como fue ese encuentro de Pedro con Jesús. Empapado de agua (y de lágrimas también muy seguramente), Pedro se arroja en brazos de su amado Maestro cual niño extraviado encontrado y rescatado por su padre. Su corazón le pertenece sólo a Él.

Sea o no que Jesús lo considere aún para Sus planes futuros, Pedro está con su Maestro y eso es todo lo que importa; todas sus ansiedades se han ido, sus certezas han tomado forma, y su Brújula Espiritual está afinada y calibrada apuntando hacia un solo Norte: Cristo.

Cuando hubieron comido, Jesús dijo a Simón Pedro: Simón, hijo de Jonás, ¿me amas más que éstos? Le respondió: Sí, Señor; tu sabes que te amo. El le dijo: Apacienta a Mis corderos. Juan 21:15

Luego de reencontrarse con Sus discípulos, y de haber compartido un milagroso desayuno con ellos, Jesús se da a la tarea de restaurar en forma particular a Pedro. Pronto tendría que ser tomado al Cielo a ser glorificado junto al Padre. Era menester que alguno entendiera que, a partir de Su partida, se edificaría la Casa de Dios, hecha de simples vasos de barro que, por el precioso Tesoro Espiritual contenido en su interior, serían transformadas en piedras Vivas, en piedras preciosas colocadas sobre La Roca firme, sobre la piedra viva, desechada ciertamente por los hombres, mas para Dios escogida y preciosa, sobre la Roca que hace caer. Estaba por nacer la Iglesia Universal, la Era de la Gracia.

No quedaba mucho tiempo ni había material humano espiritualmente calificado disponible de donde Jesús pudiera escoger para reemplazar a Sus fallidos discípulos. Había invertido tres años y medio con ellos, aleccionándolos, educándolos, dirigiéndolos, disciplinándolos, compartiendo Sus misterios y tesoros espirituales. Eran Sus escogidos, Su pequeña Cátedra de ahora once almas. Eran un grupo lastimoso de incrédulos, tardos en creer y confiar, vengativos y cobardes, traidores y… negadores.

Cualquier otro rabino los hubiera descartado de su cátedra sin duda alguna. ¿Habría de ser levantado un Reino Celestial con tales fundamentos? SI. Eran justo lo que Jesús necesitaba. Eran un rotundo fracaso. Pero estaban quebrantados de corazón y humillados sinceramente. Habían pasado por el doloroso alumbramiento de nacer de nuevo, muriendo a sus propios esfuerzos y planes egoístas, reconociendo sus miserias morales. Eran una cuadrilla de pordioseros espirituales hambrientos con el hambre correcta: hambre por el Pan de Vida, el único pan que vivifica y renueva. Darían cualquier cosa por tener siempre ese Pan. Si, eran material suave y moldeable ahora. Estaban listos para el siguiente nivel. Necesitaban un nuevo líder. Jesús lo pondría a prueba de la forma más inesperada. Pedro seguramente esperaba que Jesús transfiriera Sus promesas previas de liderazgo a alguien más, quizás a Juan, el único de los discípulos que quedó hasta la muerte del Señor. Era lo justo. Pero Jesús es fiel a Sus promesas y no quita a Pedro la Encomienda hecha. No lo humilla de ese modo. Eso si que hubiera asestado el golpe de muerte en la vida espiritual del apóstol. De eso no se hubiera recuperado. Sin embargo, esa promesa no había sido condicional, a diferencia de muchas en el Antiguo Pacto, bendiciones dependientes de la obediencia a Jehová por parte de Israel. No. Jesús prometió esa encomienda a Pedro y la cumplirá.

Pero lo somete a un interrogatorio surreal, trascendente a niveles invisibles...y espiritualmente "despiadado", muy sutil y exquisitamente doloroso.

En la traducción al español del evangelio de Juan, Jesús empieza su proceso de restaurar a Pedro con el interrogatorio que leemos en el capítulo 21, del versículo 15 al 17. Jesús pregunta si Pedro lo "ama" más que "éstos" (refiriéndose muy seguramente al resto de los discípulos), lo que Pedro responde afirmativamente, que si lo "ama". Sin embargo, tal traducción, si bien se logra captar bastante claro su significado, queda muy corta al verdadero trasfondo espiritual que el juego de palabras en el original idioma griego presenta, y que descubre la verdadera realidad de ese interrogatorio diagnóstico cruento al que Jesús sometió a Su discípulo.

Jesús emplea el verbo "amar" en su forma "ágape" (que se refiere al Amor Divino, incondicional, sin distinciones, pleno, perfecto); Pedro contesta con el verbo "amar" en su forma "filos" (que se traduce como amor de familia, de amistad, de compañerismo, de aceptación). En resumen, usando el griego original, Jesús pregunta: "Simón, ¿me Amas Incondicional y Perfectamente más que éstos? Pedro responde: "Si Señor, tu sabes que Te Quiero/Me Agradas/Me Caes Bien/Simpatizo Contigo". ¡Notable diferencia en el significado real de dicho diálogo! Jesús pone a prueba el corazón de Pedro lanzando sobre él la "capciosa" pregunta de si su amor era tan grande como el de Dios mismo. Pedro en otro momento del pasado seguro hubiera respondido: "¡Pero claro que te Amo Perfecta/Incondicionalmente! ¡Hasta la muerte iría por Ti Señor!"

Pedro, humillado aún por su patente fracaso en amar de tal modo, atina a salirse del anzuelo de Jesús, rebajando la calidad de su amor a uno de solo amistad o fraternidad. No tiene cara de decir otra cosa mayor. Sabe que no ama a su Maestro de modo Pleno. Pero está seguro de que por lo menos lo ama en el siguiente nivel inferior. O al menos eso cree. Jesús acepta la respuesta de Pedro. Le comisiona el cuidado de Sus corderos, de Sus pequeñitos espirituales. Pero el interrogatorio continúa. Pedro no se va a escapar tan fácilmente del persistente anzuelo del Señor:

Volvió a decirle la segunda vez: Simón, hijo de Jonás, ¿me amas/Perfectamente? Pedro le respondió: Si Señor; Tú sabes que te amo/como amigo/como hermano/me agradas. Le dijo, Pastorea Mis ovejas Juan 21:16.

Jesús es implacable en Su interrogatorio. Pese a la atinada primera respuesta de Su discípulo no queda satisfecho con el regate de Pedro. Si, Pedro no se tiene por digno de declarar un Amor Superior hacia Jesús. Ha fallado y lo sabe. Cree que por lo menos ama a su Maestro con un amor básico y sencillo. Jesús nota ese dejo de certeza y seguridad en la respuesta de Pedro. Y lo pone a prueba de nuevo. Misma respuesta.

Bueno, al menos no se encumbra esta segunda vez. Permanece humillado. Está aprendiendo. Pero sigue seguro de su amor de segunda mano por Jesús, hasta el grado de decirle "Tú sabes que así te amo." "Está bien Pedro, ya entendí´", debió razonar Jesús en Su interior, "estás humillado y no te justificas. Eso es lo que necesito para que pastorees Mis ovejas, un líder que siga aprendiendo y no se encumbre sobre los demás. Vamos bien. Pero te noto muy seguro de ti mismo, y hasta crees que Yo ya sé que me amas como dices hacerlo. Probemos eso Pedro."

Le dijo la tercera vez: Simón, hijo de Jonás, ¿me QUIERES/como Amigo/como Hermano/Te caigo bien? Pedro se entristeció de que le dijese la tercera vez: ¿me Quieres? y le respondió: Señor, Tu lo sabes todo; Tú sabes que te Amo/INCONDICIONALMENTE. Juan 21:17.

Jesús deja de lado los anzuelos para arrojar esta vez un Arpón despiadadamente afilado directo a las entrañas de Pedro. Es una cruenta biopsia espiritual sin anestesia a corazón abierto. Como la puntiaguda lanza que atravesó el costado de Jesús en la Cruz, así debió sentir esto Pedro, como una lanza atravesando su pecho, justo en donde más dolía. Ahora era Jesús el que degradaba la calidad de amor que le pedía a Su discípulo.

Prácticamente Jesús pregunta: "Pedro, ¿estás seguro siquiera de que me quieres/que te caigo bien/que me tienes afecto?" Era una sencilla pregunta con un simple juego de palabras. Pero espiritualmente era un cuchillo ardiendo penetrando el alma del humillado Pedro. Él pensaba que, si no podía amar a Jesús tan perfectamente como Dios, como ya lo había demostrado, si podía amarlo al menos como un amigo entrañable. Dos veces estuvo seguro de que Jesús mismo estaba consciente de eso. "Tú sabes", así respondió, apelando a la omnisciencia de Cristo. "¿Lo sé, Pedro?", Jesús silenciosamente dejaba esa interrogante al aire, donde sabía que iría directo a calar en el último vestigio de autoconfianza alojado en algún resquicio del corazón triturado de Su discípulo.

Pedro estaba siendo evidenciado e inspeccionado como modelo anatómico, abierto en canal, expuesto en su totalidad. Los ojos que lo estudiaban no eran los de un escrutinio mórbido desalmado o calculador. Eran los ojos que arrojaron luz en su alma aquella primera vez de la pesca milagrosa; aquella vez esos ojos taladraron la conciencia de Pedro haciéndolo confesarse humildemente como un pobre pecador. Eran los ojos de su amado Maestro; el Anciano de Días, el Dios de Todos los Tiempos y Edades, hecho en Semejanza de Hombre, muerto y ahora Resucitado, no para juzgarlo, sino para hacerle saber cuanto lo amaba, para restaurarlo y hacerlo apto para la Gran Encomienda de Abrir la Puerta del Reino de los Cielos a toda la Creación. Esa tarea no era para un Simón. Era para un Pedro. Un Pedro que fuera firme y confiable en el Poder de Jesús mismo. Que amara no con su propio corazón, sino con el Amor de Jesús mismo. Tenía que haber una fusión de corazones. Es lo que Jesús estaba dándole a entender a Su discípulo previo a su confirmación como referente de autoridad para los demás: "Si Pedro. No quiero que siquiera pienses en ofrecerme el más ínfimo y miserable de tus afectos. Tú no me puedes amar ni en ese nivel. Lo sabes. No te atrevas a confiar en nada que proceda de tu corazón. Tu corazón ahora es Mío. Yo soy el que lo llenaré de Mi Amor. Solo así y únicamente así podrás Amarme."

Pedro captó el mensaje. Realmente su corazón se había unido tanto al de Jesús que su respuesta así lo deja ver; al responder usando la forma de amor en sentido más perfecto y divino, Ágape, estaba diciéndole a Jesús: "Señor, Tú sabes lo miserable que soy. Te he fallado totalmente. No me queda más fuerza ni ánimo para seguir confiando en cualquier certeza que provenga de mí. Tienes razón. Ni siquiera puedo ofrecerte el más pobre de mis afectos sin dudar que puedo volver a fracasar en él. Estoy hecho pedazos. No confío más en mi mismo. Pero yo sé que si restauras mi corazón y lo llenas con Tú Amor PODRE AMARTE PERFECTAMENTE, aún si tengo que morir."

Pedro responde correctamente. Cómo aquella vez en la pesca milagrosa. Jesús lo confirma: "Apacienta Mis ovejas". ¡Pedro está restaurado! ¡Y confirmado por Jesús!

¡Pedro ha pasado el durísimo dolorosísimo pero amoroso examen de Jesús! Descanse en paz Simón, el pescador de Galilea. Pedro Apóstol se ha levantado. Y, lo que, es más, Jesús hace una profecía respecto a su futuro para darle aliento:

De cierto, de cierto te digo: Cuando eras más joven, te ceñías, e ibas a donde querías; más cuando ya seas viejo, extenderás tus manos, y te ceñirá otro, y te llevará a donde no quieras. Juan 21:18

Juan se encarga de decodificar la profecía de Jesús respecto a Pedro. Su evangelio fue escrito entre los años 80-90 d.C., aproximadamente 50 años después de todas estas cosas. Pedro fue martirizado en Roma alrededor del año 65 d.C., en la despiadada persecución que desató Nerón contra la iglesia Primitiva, misma que arrojó el martirio del Segundo gran Apóstol Pablo. Según la tradición, Pedro sufrió la muerte al ser crucificado. Tanto él como Pablo eran de origen judío, y la forma oprobiosa de darles muerte a los que predicaban y eran fieles a Jesús era haciéndolos padecer del mismo modo que Él padeció.

Pablo por ser ciudadano Romano de nacimiento fue muerto bajo pena de decapitación. Con estos detalles históricos, Juan certifica las palabras proféticas de Jesús a Pedro respecto a lo que deparaba su destino. Quizás ya desde entonces les había quedado claro, y Juan solo pone de manifiesto la infalibilidad de la profecía de Cristo.

El punto es, ¿quién querría vivir el resto de su existencia pensando que algún día la muerte lo esperaba de un modo tan cruel y despiadado? ¿Eso habría de darle aliento a Pedro?

Sin lugar a duda, esa profecía debió ser la mejor noticia que el Apóstol pudo haber recibido luego de la Resurrección de Jesús. El saber de cierto que tendría de nuevo algún día la oportunidad de dar su vida por su amado Maestro, y que esta vez no lo negaría. Y, además, ¡¿morir del mismo modo que Él?!

Era un sueño hecho realidad para Pedro, algo que solo los que hemos fallado en nuestra fidelidad y amor a Dios deseamos ardientemente: una oportunidad más de volver a ponernos la Armadura de Cristo, plantar firmes los pies en el campo de batalla y en el Poder de Su Espíritu pelear la Buena Batalla de la Fe, acabar la Carrera, y aunque seamos "Derramados como Libación" (Filipenses 2:17), no volver nunca a negar Su Nombre.

5

EPÍLOGO

...busca a Tu siervo

En seis días Dios creó los cielos y la tierra, y todo cuanto en ésta hay. Sentó los límites y las fronteras para cada entidad; los ciclos para las estaciones, el orbitar de las constelaciones y cuerpos celestes; las leyes para cada ser vivo, sus instintos, su conducta y su función en el planeta. Todo en un equilibrio de perfección y armonía unísonos a Su Soberanía eterna. Nada a desentonar en la partitura del Gran Compositor Celestial. Todas esas grandes potestades sujetas a la afinación estricta del Creador, todas sometidas al inalterable y perfecto compás que el Todopoderoso plasmó en Su "Opus Máximus" llamado Creación. En Su Sabiduría inescrutable, el Divino Autor de tan perfecta obra concede la Batuta al hombre, para que, lleno de las virtudes y potencias concedidas por Él, sea co-partícipe de ésta magistral Sinfonía Celestial que prometía ser eterna. ¡Que deleite debió ser ese primer Séptimo día! El Creador y el hombre disfrutando la exquisita música producida por la rueda de la Creación en el más apacible descanso. Los instrumentos estaban bien afinados, la melodía establecida, el "tempo" y la métrica bien coordinados. El hombre solo debía mecer su mano al suave fluir de las notas producidas por Su Palabra, y todo quedaría en ese eterno Descanso Sabático ambientado por el más hermoso "Concerto", con Dios como Autor y el hombre como Director.

Tristemente, ése hermoso primer Séptimo Día no volvería a repetirse. El dulce descanso con la más hermosa música había terminado. El Director no quiso seguir más el "tempo" que su Autor y Creador había establecido, y oyendo a otro autor fraudulento, corrompió la melodía ordenada que se volvería en una desgarradora endecha y canto fúnebre que hasta hoy todavía nos acompaña, producto de la desobediencia. La canción había dejado de llamarse "Vida" para ahora llamarse "Muerte".

¿Por qué el Todopoderoso permitió que el hombre echara por tierra Su Obra Maestra? ¿Por qué le concedió la responsabilidad de mantener la armonía de tan perfecta música?

Pero también, ¿por qué el hombre pensó que otro autor sería mejor que el Verdadero Autor? ¿Por qué quiso buscarse otra sinfonía mejor? ¿Quien era ese fraudulento músico autor de Nada, que nos engañó haciéndonos creer que nosotros solos podríamos ser capaces de crear algo mejor que la Melodía Perfecta de Dios?

Y dijo Jehová Dios: He aquí el hombre es como uno de Nosotros, sabiendo el bien y el mal.
Génesis 3:22

Mediante la penosa experiencia de la rebelión y desobediencia, el hombre había llegado al conocimiento del mal; se había vuelto un "autor" también. No obstante, Dios no le arrebata la Batuta de responsabilidad sobre la creación. Pero la "música" de ésta se ha degradado. El hombre fracasaría en sus intentos de componer la melodía. Al final, lo único que saldría sería un doloroso lamento, una exequia del más triste son. Entre más pasaba el tiempo, el hombre se alejaba más de aquella original sinfonía armoniosa; ahora, autor de sus propias "obras", las melodías eran verdaderas composiciones de desafío, de desprecio hacia el Autor Verdadero. Una grotesca sinfonía desafinada de notas dictadas por el fraudulento músico autor de Nada, que encontraba cabida en la vaciedad del "pentagrama" espiritual de los hombres alejados de la comunión con Su Autor y Creador.

Con todo, el Autor Soberano, compadecido de los fracasos y obras desastrosas producidas por Sus directores, busca atraerlos de nuevo a Su Composición original. Sí. DIOS BUSCA AL HOMBRE. El hombre, espiritualmente muerto en delitos y pecados NO PUEDE BUSCAR A DIOS.

Jehová miró desde los Cielos sobre los hijos de los hombres, para ver si había algún entendido, que buscara a Dios. ...no hay quien haga lo bueno, no hay ni siquiera uno. Salmo 14:2-3

...pero Noé halló gracia ante los ojos de Jehová. Génesis 6:8

Basta solo UN siervo dispuesto a obedecer y a creer en Su Palabra para que el Divino Autor extienda Su Misericordia a generaciones por venir. Un siervo imperfecto, defectuoso, contradictorio y pecador como todos. Pero que ha hallado gracia ante Dios, y que ha sido tomado como "un tizón arrebatado del incendio" (Zacarías 3:2), del incendio de destrucción, a fin de ser afinado y acrisolado en el horno purificador del Todopoderoso que le dirá:

...Yo le mostraré cuánto le es NECESARIO padecer por Mi Nombre. Hechos 9:16

Sí. El arreglo de la Celestial Melodía no vendría sino con lágrimas, esfuerzo, penalidades, rechazo... y MUERTE. El transitorio arreglo de la Ley dada a Moisés logró solamente agridulces matices de éxtasis limitados, que parcialmente avivaban a los escuchas, solo mientras duraba la llama del holocausto expiatorio en el altar de sacrificios del Tabernáculo o del Templo. Y al final, solo cenizas. Cenizas que ponían de manifiesto gráficamente el triste destino que algún día alcanzaría a todos, ya que jamás habría fin a todos los sacrificios de corderos expiatorios que lograran pagar la deuda de haber corrompido la Música Divina, la Melodía Perfecta del Divino Autor.

El melancólico aullido de los Shofares y Cuernos simbólicos de la Antigua Ley trajeron una adición más a la triste canción del destierro eterno, puesto que si bien su nostálgico sonido dejaba entrever un esperanza futura, su pesada afinación acorde a la dura Letra de la Ley solo gritaba una sola cosa a los escuchas: "CULPABLES".

Dios buscó a Sus siervos a lo largo de toda la dispensación de la Ley. Buscó al dulce cantor de Israel, David, probable autor del Salmo 119, y a quién le debemos el título de ésta obra. Buscó al Profeta Sin Nombre, buscó al rey Manasés, buscó a Josías, y a todos los profetas y reyes mencionados en ésa transición llamada Antiguo Testamento.

A cada uno según su momento histórico, su llamado particular, sus propias virtudes y defectos; ninguno fue excluído en los intrincados y misteriosos procederes del Eterno, quien valiéndose de la libre voluntad y albedrío de Sus escogidos llevó a cabo las obras portentosas dignas de un Autor Perfecto, tomando sus patéticas y catastróficas exhibiciones de impericia y negligencia, las afinó y afirmó como notas sublimes en el arreglo de la lacrimosa sinfonía espiritual que paulatinamente iba en camino hacia la Tocatta y Fuga Máxima, el arreglo definitivo que Dios mismo haría de Su Obra: Su MAGNUM OPUS, el Divino Autor hecho en semejanza de hombre, el Verbo Encarnado, Cristo, quien en el tiempo establecido, y en perfecta Justicia y Afinación con la Severa Melodía llamada Ley, toma la Batuta dada al hombre, probado incapaz de corregir la blasfema ofensa a la armoniosa Música Celestial, y partiéndola en cinco pedazos afilados se tiende en una inpronunciable tosca y obscena nota llamada CRUZ (Tav), y extendiendo Sus manos y pies, es clavado y traspasado en ella con esos fragmentos rotos de la batuta torpemente manejada por el hombre. Clavado y Traspasado por quien corrompió y arruinó el perfecto Descanso: Nosotros. YO. CADA UNO. TODOS.

En una pasmosa y sombría tarde de Víspera de Pascua en Jerusalén, cerca del año 33 de nuestra Era, el Divino Autor corrigió para siempre la infausta melodía que siempre acababa con cenizas y Muerte, llevándola a Resurrección y VIDA ETERNA. Su Sangre escribió tal Obra Perfecta y Portentosa. Nunca jamás será borrada. Increíble. Moisés debió irse de espaldas cuando le fue revelado éste plan, cuando recibió de Dios mismo esa información al declararle Su Nombre:

YO SOY

En el Paleohebreo, antigüo idioma formado de caracteres pictográficos, el Nombre de Jehová, que en su forma transliterada a caracteres latinos, con las vocales removidas se lee: Y (Yod) H (He) W (Vav) H (He) (en hebreo moderno es יהוה leído de derecha a izquierda), se leería, también de derecha a izquierda: Yod (Mano) He (Mirad/Observen) Vav (Clavo) He (Mirad/Observen). ¡Luego entonces, cuando los israelitas prisioneros en Egipto le preguntaron a Moisés, "¿Cuál es el Nombre de Dios?", éste les respondió: "¡Miren!, ¡El Clavo!, ¡Miren!, ¡La Mano!, me ha enviado a ustedes PARA SALVARLOS!". Simplemente algo FUERA DE TODA HUMANA COMPRENSION

Para la mentalidad oriental de esos tiempos, y aún para la mentalidad occidental contemporánea, el sufrimiento, la humillación, el rechazo y ser el último, era y sigue siendo sinónimo de MALDICION. El noble patriarca Job, quebrantado y azotado por Dios para poner a prueba su fe, sí que experimentó por boca de sus inmisericordes y desatinados "amigos" la aspereza y condena de esa hueca filosofía estigmatizante. Nadie deseaba (ni desea hoy tampoco) el bautismo amargo del dolor y sufrimiento. Todos deseamos ser los primeros, estar exentos de toda penalidad, probar siempre las mieles de éxito...

...más, El Hijo del Hombre no vino a ser servido, sino PARA SERVIR, Y DAR SU VIDA EN RESCATE DE MUCHOS. Marcos 10:45

En ésta etapa de transición de la Ley a la Gracia, en ésta dispensación tan inimaginable y surreal, Dios buscó a Su siervo Simón Pedro. Dios extendió Su gracia al voluntarioso inestable y confiado de sí mismo pescador Galileo. Lleno de aristas y bordes accidentados y rasposos, Nuestro Señor le otorga a este hombre pecador el incomparable privilegio de unirse a Él en la reparación de la Antigüa Perfecta Sinfonía Celestial, a pesar de todos sus fallos y distorsiones estridentes, por ser Su siervo, Su pobre incapaz y miserable siervo, DIOS NO LO RECHAZA. Lo transforma. Lo afirma. Lo capacita. Lo vuelve UNA PIEDRA, inamovible en la ROCA llamada CRISTO, para nunca jamás hundirse de nuevo en las aguas de la duda o el miedo; ni mucho menos para volver a negar a Su Señor. Solo alguien verdaderamente regenerado por el perdón y la Gracia de Nuestro Señor Jesús pudo haber escrito lo que bien sería un perfecto epílogo a ésta obra:

Más el Dios de toda Gracia, que nos llamó a Su gloria eterna en Jesucristo, DESPUES QUE HAYAIS PADECIDO UN POCO DE TIEMPO, Él mismo os perfeccione, afirme, fortalezca y establezca.
1 Pedro 5:10

La Melodía Celestial ha sido reparada. El Divino Autor lo ha hecho. Fiel ha sido a Sus promesas. "No te dejaré, ni te desampararé" (Deuteronomio 31:6; Salmo 37:25; Isaías 41:10; Hebreos 13:5). El Todopoderoso, El Eterno, El Único Dios Verdadero, El Anciano de Días, El Príncipe de Paz, El Verbo de Dios, EMANUEL, DIOS CON NOSOTROS, ha buscado a Sus siervos, Sus extraviados errantes siervos, para llevarlos a Su redil, redimirlos, purificarlos, santificarlos y perfeccionarlos hasta el Día de Su Venida, dándonos parte en Su Obra Suprema llamada Redención escrita con Su Sangre, en la Partitura titulada EVANGELIO. Me ha buscado A MI. Te ha buscado A TI.

Y todavía sigue buscando a los que Él ha escogido, por asomo de Su propia Voluntad, haciéndonos nacer mediante la Palabra de Verdad (Santiago 1:18), para confiarnos nuevamente como Directores de Orquesta en la propagación de Su Melodía restaurada, teniendo como confiable y veraz Auxiliar al Espíritu Santo que nos dicta Fielmente las notas provenientes del Sinfónico Glosario que es la Escritura, la Biblia, escrita bajo Suprema Inspiración y Autoridad de Dios, nada a ser quitado, nada a ser añadido. Es la PERFECTA OBRA DEL PERFECTO AUTOR..."a la cual, heremos bien EN ESTAR ATENTOS" (2 Pedro 1:19).

¿Has acaso sido rebelde o has desobedecido a Dios en algún ministerio que te encomendó? ¿Piensas que Dios jamás volverá a confiarte nada más? El capítulo "El Profeta Sin Nombre" es para tí. Si. Tal vez tengas que afrontar las consecuencias de tu desobediencia, y mejor es que Dios te pase Su justa Factura en ésta vida, ahora que tenemos a Cristo como nuestro Abogado Defensor. El Profeta no lo tuvo en aquél entonces. Su pecado fue juzgado muy severamente.

Desobedecer a Dios nunca será cosa ligera. Aunque seguramente se dolió profundamente de su caída, y se arrepentió de haber sido rebelde a su comisión, Dios no le quita el deshonor de impedirle entrar a su tumba familiar. Y aunque su cadáver tendido al sol fue un muy gráfico y asolador ejemplo de la dura disciplina del Señor, con todo, no le quita lo más preciado que ese hombre ciertamente habrá lamentado perder, aún más que sus derechos a una sepultura honrosa: el seguir siendo de utilidad a su Señor y Dios.

Hombre de Dios: Él no te ha rechazado. ¿Caíste? Corre ante tu Señor, grítale: "¡Sálvame! ¡Estoy muerto, vivifícame! ¡Restáurame!" Si éste arrepentimiento se ha agolpado dentro de tí hasta el grado de la asfixia, hasta sentir la culpa como un cielo de bronce cayendo sobre tí, ¡Bienaventurado eres! Eres un verdadero Siervo de Dios, Y EL TE HA BUSCADO. Déjate limpiar por Él, como el Padre limpió a su hijo pródigo arrepentido, vistiéndolo de ropas blancas de Justicia.

Aún si pierdes lo que sea necesario perder, tu ministerio, tus posesiones, tu familia, incluso TU VIDA MISMA, habrás ganado lo más preciado que un hombre que conozca a Dios puede tener: EL CAMINAR JUNTO A ÉL. Un hombre restaurado por Cristo dará fiel testimonio de Él en todo lo que haga. Y como "El Profeta Sin Nombre", si muriera, aún su misma muerte dará testimonio y servirá para edificar y motivar a otros a servir fielmente al Señor..."pues ya sea que vivamos o muramos, DEL SEÑOR SOMOS" (Romanos 14:8).

¿Resististe a Dios toda tu vida? ¿Te envileciste en los más inconfesables y subterráneos pecados y anormalidades imaginables al entendimiento? ¿Te sientes más allá de toda redención divina? “Manasés” es el testimonio para tí. Así como la maldad de ése hombre superó toda frontera de lo perdonable, encarnando al mismo príncipe de las Tinieblas en su proceder tan depravado y obscuro, así también, y más abundantemente, LA MISERICORDIA Y COMPASION DE DIOS SE DERRAMO EN INFINITO PERDON SOBRE ÉSE MISERABLE PECADOR. Arrepentido y humillado profundamente ante Él, Manasés es el "Epítome del Perdon Divino". Dios buscó a Su MUY extraviado siervo, bajando prácticamente a las mismas coladeras infernales, de donde se lo arrancó al lobo del abismo, que ya lo tenía entre sus fauces. El Todopodero Dios de Los Ejércitos se negó a darse por vencido en Manasés. Era Su siervo. En sus años cautivo en Babilonia, víctima de los abusos indecibles de Asiria, Jehová taladró gradualmente el corazón enroquecido de granito puro del hijo de Ezequías, endurecido tras décadas de satánica idolatría, hasta llegar a su centro aún conmovible y hacerle sentir el dolor de todos sus horribles pecados. Un auténtico Milagro. De lo más improbable del mundo, Dios se hizo de un siervo celoso y fiel por Sus Leyes. De una negra cabra cornuda y rebelde, Jehová labró una blanca y dócil oveja, dolida de sus extravíos, que seguiría a su Pastor hasta su muerte, obedeciendo y enseñando a obedecer a otros a su Señor. No. No estás más allá de toda redención. Si eres Su Siervo, Dios no se va a rendir contigo fácilmente. Le costaste la Sangre de Su Hijo. Tienes un valor divino. Si te encuentras alejado de tu Dios, y los latigazos de Asiria en tu vida han empezado a recrudecerse y tornarse más frecuentes; si todos los falsos dioses en los que confiaste te han dejado abandonado y desamparado, ¿vas a seguir endureciendo tu corazón? No lo hagas. "Si hoy escuchas Su voz, no endurezcas tu corazón" (Hebreos 3:15). Humíllate ante tu Señor y Dios, el cual "será amplio y grande en perdonar" (Isaías 55:7). Y "aunque tus pecados fueran como la grana, como la nieve serán emblanquecidos; y si fueron rojos como el carmesí, vendrán a ser COMO BLANCA LANA" (Isaías 1:18). Porque para Dios "NO HAY NADA IMPOSIBLE" (Lucas 1:37).

¿Pensabas estar firme en tu caminar con Dios tras años de "conocerle"? ¿Dejaste que las imperfecciones inherentes a nuestra condición caída se acumularan en tí, pese a la advertencia de Tu Señor "vigilen y oren para no caer en tentación"? ¿Supusiste que por tener alguna especie de relación con Cristo la maldad de satanás nunca te asaltaría y que serías inmune a sus ataques? ¿Creíste que ya no necesitabas seguir creciendo al propósito de Dios en tu vida? El apóstol Pedro tiene mucho que decir a éste respecto. Quién mejor que el orgulloso y sobreconfiado de sí mismo pescador Galileo podrá ejemplificar con su vida que, aún caminando al lado mismo del Dios hecho Carne, oyendo Su voz salir de Su misma boca, viéndolo hacer toda clase de maravillas, e incluso, recibiéndo de Él una comisión incomparable en Su Reino, NO SIGNIFICA QUE NO SERAS PROBADO. Oh, sí. "Porque al que mucho se le confía, MUCHO SE LE DEMANDARÁ" (Lucas 12:48). Jesús debió voltear a ver de reojo a Su intrépido y dinámico discípulo Simón cuando pronunció ésta verdad. ¿Entendería en ese entonces lo que significaba eso? Tal vez, pero quizás estaba demasiado embelesado en las glorias que había disfrutado producto de su cercanía con su Maestro: una pesca milagrosa, el poder otorgado para someter espíritus inmundos, predicar el Reino de Dios, el caminar sobre los aguas con su Señor, el haberlo visto radiante en toda Su Gloria junto a Moisés y Elías, el haberlo reconocido como el Verdadero Mesías el Hijo de Dios, el haber sido llamado a abrir el Reino con la Llave de la Predicación.

Todas esas honrosas concesiones y privilegios debieron hacer perder el suelo al sencillo jornalero de Cafarnaúm, y quizás pensó que lo que su Maestro estaba diciendo no lo incluía a él. Pensaba muy seguramente: "¿Que más puede faltarme? Estoy tan seguro de mi amor por mi Señor que gustoso daría mi vida por Él". "Oh, querido Pedro. Si tu supieras que tan lejos estás realmente de Mí, estando tan cerca", habrá pensado Jesús al leer el alma de Su amado futuro apóstol. "Tu confesión inicial en la barca ya se ha hecho añeja, y fue solo tu principio. Estás tan lleno de Mí como lo estás de tí mismo, y Yo te necesito totalmente Vacío para que seas REALMENTE LLENO. Tienes que decir como Mi siervo Juan bautista: "es necesario que yo mengüe para que Él Crezca" (Juan 3:30). No puede ser de otro modo. Y tus debilidades y toda tu inconstancia e inestabilidad te lo harán entender. Será un trago muy amargo, querido amigo; lo que pensaste que nunca te sucedería te acontecerá, y no podrás evitarlo, porque aún no estás listo. Pero no temas. Yo te he escogido. Te he extendido Mi misericordia, para que..."cuando hayas vuelto (sido transformado), confirma a tus hermanos" (Lucas 22:32).

Las Sagradas Escrituras, la Divina Partitura del Autor Supremo, son la revelación del Eterno Plan Celestial desde Génesis hasta Apocalipsis: Dios buscando la Sintonía Perfecta con Su máxima creación: el hombre.

Dios busca al hombre para llevarlo al lugar de honor que siempre debió valorar y tener por suficiente gozo, como Director y Administrador de la Sagrada Divina Melodía de la Creación. Hasta que tengamos "cielos y tierra nueva" en la Jerusalén Celestial que desciende de los Cielos, y todos los redimidos en la preciosa Sangre del Cordero nos reunamos ante el Trono del Que Vive Por Siempre, con las arpas de Dios, y en coro con los Seres Angélicos reunidos en millares junto a nosotros, continuaremos la dulce Canción del Eterno Descanso Sabático que quedó pospuesta en el huerto del Edén. Ya no habrá ningún autor fradulento que intente corromper y traer distorsión a nuestra Sinfonía Eterna. Ni habrá cabida para tal pensamiento en nuestro corazón.

Entretanto, mientras aún "nuestro hombre exterior se va desgastando de día a día" (2 Corintios 4:16) en la dulce/amarga peregrinación hacia ése glorioso momento, somos siervos. Siervos débiles que necesitan ser buscados por nuestro Buen Pastor. Siervos que llevamos la muerte de nuestro Señor Jesús clavado en nuestro viejo hombre pecador, anulando el acta de decretos que nos era contraria (Colosenses 2:14). Siervos transformados por la Gracia del Divino Autor en Su Hijo Jesús, dispuestos para toda buena obra preparadas de antemano para que andemos en ellas, pero también "humillados grandemente ante la Presencia del Dios de nuestros antepasados". Siervos que clamen: "¡Búscame hoy, oh Señor, como me buscaste ayer! ¡Te necesito para no perderme!".

Termino con el extracto de algunas palabras del sermón titulado "Jesús lava los pies de Sus discípulos", del "príncipe de los predicadores" Charles Haddon Spurgeon, del 26 de enero de 1865:

"Queridos amigos, yo espero morir con ésto en mis labios: Yo anduve errante como oveja extraviada; BUSCA A TU SIERVO, porque no he olvidado Tus Mandamientos".

Printed by Books on Demand GmbH, Norderstedt / Germany